그리스도를 본받아 3
주님만이 주시는 내적 위로

This book was first published in the United States by Moody Publishers,
820 N. LaSalle Blvd., Chicago, IL 60610 with the title

The Imitation of Christ

by Thomas a Kempis

주님만이 주시는 내적 위로

토마스 아 켐피스 지음 | 전의우 옮김

규장

'고전'(古典)이란 과거에 저작되어 수준 높은 질적 가치를 인정받을 뿐 아니라 후세 사람들에게 끊임없이 영향을 끼치며 시대를 초월하여 높이 평가되는 문학 등의 예술작품을 가리킵니다. 그런 의미에서 볼 때, 기독교 고전의 백미(白眉)로 손꼽히는《그리스도를 본받아》(De Imitatione Christi)는 참된 의미의 고전이라 할 것입니다.

1427년경, 독일 태생의 수도사 토마스 아 켐피스가 저술한《그리스도를 본받아》는 750권 이상의 필사본을 남겼고, 1472년에 독일에서 첫 인쇄본이 나온 이후 지금까지 약 70여 개 언어로 3천여 판 이상이 출판된 것으로 추정되며, 출간 현황을 다 파악할 수 없을 정도입니다.

또한 마르틴 루터로 이어져 종교개혁 사상의 맹아(萌芽) 역할을 한 것을 비롯해, 존 웨슬리, 디트리히 본회퍼, 존 스토트, 달라스 윌라드 등 수많은 믿음의 사람들에게 감화를 주었고, 성경 다음으로 많이 읽히는 책으로 알려져 있습니다.

그러나 우리 세대에게 고전이란 어쩌면 '너무 유명하지만 제대로 읽어본 적은 없는 책'인지도 모르겠습니다. 《그리스도를 본받아》 역시 너무나 유명하여 저자나 책 제목을 아는 사람은 많지만, 읽은 사람을 찾아보기는 쉽지 않고, 가까이 두고 읽으며 그리스도를 본받으려 힘쓴다고 고백하는 사람을 만나기는 더욱 어렵습니다.

고전이 오늘 나의 문제에 답한다

고전이 그렇게도 훌륭하다는 것을 알지만 쉽게 손이 가지 않는 이유 중 하나는 고전이 너무 오래전에 쓰여서 지금의 내 삶과 상관없을 것 같다는 선입견일 수 있습니다.

그런데 책을 읽어보면 마치 저자가 지금의 내 삶을 들여다보고 있기라도 한 듯 어쩌면 그렇게 내 문제를 꿰뚫어 보면서 실질적인 조언과 충고를 해주는지 놀라게 될 것입니다.

이 책은, 살아 있고 활력이 있어 우리 마음의 생각과 뜻을 판단하는 하나님의 말씀(히 4:12)인 성경을 기반으로 하여 성경을 깊이 묵상하고 적용하는 것이기에 600년 전의 저자와 지금의 우리가 말씀 안에서 교제할 수 있는 것입니다.

모든 세대가 고전을 편안하게 만난다

또한 이 책은 본래 전 4부 114장으로 구성되어 있습니다. 이 고전을 읽어보고 싶다가도 두꺼운 책이 부담스러워 포기한 분도 많을 것입니다. 이번에 규장에서 이 책을 각 부별로 나누어 출간하기로 한 것은 이 귀한 책이 정말로 독자 여러분께 읽히기를 바라기 때문입니다.

그래서 늘 손에 들고 편안하게 읽을 수 있는 판형에 묵상을 돕는 아름다운 사진을 함께 담아 정성껏 책으로 엮었습니다. 고전에 누구나 쉽고 편안하게 다가갈 수 있도록 징검다리를 놓고자 했습니다.

이 책을 통해 여러분을 주님과 함께 걷는 호젓한 숲길로, 푸른 초장으로, 나무 그늘로 초대합니다. 어딘가를 오가고, 누군가를 기다리고, 혼자만의 시간을 보낼 때 세상의 무익한 것들에 눈과 귀를 내어주지 말고, 이 책을 벗 삼아 위대한 신앙의 선배가 들려주는 훈계와 권고, 그가 들은 주님의 음성에 귀 기울이시기를 소망합니다.

사람에게서 인정과 위안을 구하지 말고, 우리의 표상(表象)이신 예수 그리스도의 삶을 잠잠히 묵상하고 그분의 가르침을 삶에 적용하며 그분을 본받는 우리가 되기를 소원합니다.

이 책이 십자가의 왕도(王道)로 가도록 격려하는 좋은 벗 되어, 독자 여러분의 신앙생활에 매일 그리스도를 닮아가는 영적 진보가 있기를 간절히 기도드립니다.

규장 여진구 대표

《그리스도를 본받아》는 성경 다음으로 가장 크게 사랑받고 가장 널리 읽히는 책 가운데 하나로, 처음 읽는 독자에게 큰 기대를 불러일으킨다. 우리는 이 책이 말하는 대로 살고 싶고 이 책을 읽을 때 가슴이 두근거린다.

토마스 아 켐피스는 책을 읽고 글을 쓰며 기도하기를 가장 좋아했고 세상적인 것은 입 밖에 내기조차 어려워했으나 하나님에 관해 말할 때면 유창하기 이를 데 없었다. 그가 가장 좋아했던 주제는 구원의 신비, 예수 그리스도의 말씀과 그분이 하신 일, 특히 그분의 고난에 나타나는 예수 그리스도의 사랑이었다. 사실, 이 책은 영성에 더없이 초점을 맞춘 책이다.

그러나 사실 이 고전을 처음 읽는 평범한 21세기 독자들은 드러내놓고 말은 안 해도 왜 이 책이 그렇게 대단한 평가를 받는지 속으로 자못 궁금할 듯하다.

이 책은 짜임이 엉성하고 강력한 주장을 전혀 하지 않는 듯 보이며, 결코 얇지도 않아서 두께에 주눅 드는 독자라면 아예

한쪽으로 밀쳐둘지도 모른다.

더욱이 영성훈련을 위한 개별 코스와 프로그램도 유행하고 묵상이 복음주의 그리스도인들 사이에서 갈수록 큰 관심을 끌지만, 정신없이 바쁘게 돌아가는 세상에서 사는 것이 우리의 현실이다.

이러한 세상은 우리에게 많은 것을 요구하며, 보통 사람들이 행하거나 생각하는 것을 거의 희생하고 제 발로 세상에서 물러나 영성을 키우려는 사람을 거의 이해하려 하지 않는다.

그러므로 이 책의 전체적인 흐름과 각 부의 구성 및 주제를 살펴보는 것이 중요하다. 결코 진부하지 않고 시대를 초월해 모든 사람에게 말하는 것들, 특히 이 세대에 필요한 숨은 의미를 파악하는 것이 중요하다.

토마스 아 켐피스의 생애
토마스 아 켐피스의 일생 중 몇몇 부분이 그가 노년에 쓴 여러 전기에서 나타난다. 그는 1397년 또는 1380년에 독일 쾀펜(Kempen)에서 장인(匠人)인 아버지 존 헤메르켄(John Haemerken)과 동네 학교 교사인 어머니 헤르트루드(Gertrude) 사이에서 태어나 일생의 대부분을 수도원에서 보냈다.

토마스보다 열네 살 많은 유일한 형제 요한은 네덜란드 데벤터르(Deventer)에 있는 대성당학교(cathedral schools)에 다녔는데, 토마스는 겨우 열세 살 때 학구열에 불타 이 학교를 걸어서 찾아갔다. 그는 당연히 형이 그 학교에 여전히 있을 것으로 생각했지만, 형은 30킬로미터쯤 떨어진 곳에 새로운 공동체를 세우느라 떠나고 없었다.

토마스는 형을 찾아 다시 그곳으로 갔고, 형은 그를 데벤터르 형제들의 지도자에게 소개했다. 이들은 토마스를 보살펴 달라며 어느 경건한 여성에게 맡기고, 그를 교장에게 데려다주었으며, 첫 학비를 내주었다. 토마스는 데벤터르에서 7년을 보냈는데, 이 시기는 그의 성품에 더없이 큰 영향을 미쳤다.

데벤터르는 헤라르트 호로테(Gerard Groote)라는 부제(副祭)가 시작한 14세기 부흥운동의 중심이었다. 이 운동은 플로렌티우스 라데베인(Florentius Radewyn)의 넉넉한 후원을 받으며 성장했다.

이 운동에 참여한 사람들은 "공동생활 형제단"(Brothers and Sisters of the Common Life)이라 불렸는데, 개인적 서약은 하지 않았지만 더러는 가정에서, 더러는 공동체를 이루어 최선을 다해 청빈과 순결과 복종의 삶을 살았다.

이들은 구걸할 수 없었고 스스로 일해 생계를 꾸려야 했기에, 흔히 책을 필사하고 사본에 색을 입히며 젊은이들을 가르쳤다. 이렇게 얻은 수입을 공동으로 소유했고 장상(長上)에게 맡겨 관리했다.

형제자매들은 또한 자선을 베풀고 주린 자를 먹이며 노숙자와 병자를 돌보고 교회와 수도원 내부에서 공적 개혁을 독려하기에 힘썼다. 이들은 더 우수한 교육에 대한 비전을 품었기에 독일과 네덜란드 전역에 공동생활 형제단 학교를 열었다. 이 그룹에서 토마스 아 켐피스는 성적이 우수한 학생이자 훌륭한 필사자로 알려졌다.

1399년 봄, 토마스 아 켐피스는 데벤터르에서 인문학 공부를 마치고 공동생활 형제단을 떠나 즈볼레(Zwolle) 근처의 세인트 아그네스 산(Mount Saint Agnes)에 자리한 어거스틴 수도원에 들어갔다. 형이 앞서 작은 수도원을 세우고 교회를 시작한 이곳에서 1406년에 수련수사(novice)가 되었으며 1413년, 사제 서품을 받고 청빈과 순결과 복종을 맹세했다.

그는 관리 업무에 관심이 없었던 것이 분명하지만 장상으로 선출되었고, 몸이 아주 쇠약했거나 너무 연로해 계속하지 못할 때까지 이 직무를 수행했던 것으로 보인다. 그는 이 직무를 수행하면서 독실한 젊은이들을 훈련했는데, 짧은 글을 많이 쓰도록 독려하는 것이 그의 소명 중 하나였다.

또한 그는 수도원에 딸린 교회에서 설교를 자주 했으며, 1471년에 세상을 떠날 때까지 필사하고(그는 성경을 네 차례 필사했다), 편지와 찬송과 전기를 쓰며, 상담하고,《그리스도를 본받아》를 저술하는 등, 헌신의 삶을 살았다. 토마스는 마지막 필사 세대를 살았으며, 이 고전은 필사의 산물이다.

그가 묻힌 수도원은 종교개혁 2백 년 후에 파괴되었고, 그의 유해는 퀼른의 주교후(主敎侯, 주교인 동시에 세속 영지를 소유한 영주)에 의해 즈볼레로 옮겨졌다가 지금은 성 미카엘 성당(St. Michael's Church)에 안치되어 있다.

저자에 관한 논란

지금은 이 고전을 토마스 아 켐피스의 작품으로 보지만,《그리스도를 본받아》의 저자를 두고 한때 논란이 있었다. 이 책은 익명으로 세상에 나왔고 여러 필사자가 필사했기 때문에, 그의 형 요한을 비롯해 다양한 영성 저자의 작품으로 여겨졌다.

저자와 관련된 논란은 2백 년 후인 17세기에도 일어났으나, 토마스 아 켐피스가 속했던 수도회 구성원들을 비롯해 큰 권위를 지닌 동시대 증인들이 토마스 아 켐피스를 이 고전의 저자로 지목했다. 이 책은 그의 다른 저작들에 나타나는 문체와 일치하며, 그가 속한 신비주의 진영의 정신과도 일치한다.

본서의 구성과 각 권의 주제

이 책을 구성하는 네 부는 하나하나가 핵심적이고 체계적인 주제를 중심으로 배열되었으며, 각각의 주제를 다음과 같이 요약할 수 있다.

1권 우리는 세상과 그 쾌락에 등을 돌려야 한다.

2권 우리는 맡겨진 모든 일에 기꺼이 헌신해야 한다.

3권 우리는 예수 그리스도께서 주신 고난의 가르침을 명심해야 한다.

4권 우리는 외적 유혹을 떨쳐버려야 한다.

이 책을 주제를 따라 읽는 외에, 잠언을 읽듯이 읽어도 좋겠다. 잠언처럼 여전히 지혜롭고 인용할 만하며 놀랍도록 새롭기 때문이다. 토마스 아 켐피스가 자신의 시대에 쓴 내용이 오늘 우리의 믿음에 관해 알려주는 것에 세밀하게 집중하면서 한 번에 몇 장씩 읽는 것이 더 좋겠다.

제3권 《주님만이 주시는 내적 위로》에 대하여

앞서 두 권에 걸쳐 생생하고 구체적이며 타협을 모르는 경고를 한 후, 월등히 긴 제3권에서 저자는 그리스도의 가르침을 앎으로써 얻을 수 있는 위로(훈계가 포함된)에 눈을 돌리고, 성경 및 그리스도의 말씀을 아는 것에 집중하게 한다.

또한 '사랑'이신 그리스도께 시선을 돌린다. 그분은 자신의 자녀들을 사랑하시며, 그 자녀들이 보고 느끼고 가질 수 있는 것들 대신 시간을 초월하여 인내하시는 그분께 주목하기를 갈망하신다.

토마스 아 켐피스는 우리의 문제는 대부분 자아도취 때문이거나, 권력과 관심을 원하고 이생에서 위로받고 싶어 하는 데서 비롯되며, 이 모든 잘못된 바람과 갈망은 교만이라는 큰 죄와 이로 인한 모든 죄로 이어진다고 확신한다.

그는 어쩌면 자신도 모르게 심리학자요 신학자와 설교자가 되어, 다른 사람들에 대해 지나치게 궁금해하고 집착하며, 남의 이야기를 하고, 일시적 행복과 환호를 기대하는 것이 위험하다고 말해준다.

간단히 말해, "[하나님께서] 친히 우리를 돕고 힘을 주며 우리를 위로하고 가르치고 보호하지 않으시면, 많은 친구가 이롭지 못하고, 힘 있는 조력자들도 도움이 못 되며, 현명한 조언자들이 유익한 답을 주지 못하고, 학식 있는 자들의 책이 위로를 주지 못하며, 그 어떤 보화도 우리를 구원하지 못하고,

아무리 한적하고 사랑스러운 곳이라도 피난처가 되지 못한다"라는 것이다.

  이 작품은 긴 데다 같은 내용을 되풀이한다. 그러나 이러한 길이와 되풀이까지도, 오늘 우리가 말하듯이, 자신의 문화가 "알지" 못한다는 그의 고뇌 어린 이해를 반영한다고 보아야 한다(우리의 문화는 두말할 필요도 없다).

  사람들은 현혹되지 않는 삶을 사는 것이 긴급하다는 생각을 거의 하지 않는다. 사람들은 그리스도께서 가르치신 대로 그리스도인으로 사는 데 무엇이 필요한지 거의 알지 못한다. 사람들은 하루하루를 선하게 살기보다 기분 좋게 살려고 하고, 하나님을 알기보다 뭔가 영적인 느낌을 찾으려 한다.

                                    로잘리 드 로제(Rosalie De Rosset)

발행인의 글

편집자의 글

차 례

묵상과 적용

01 CHAPTER

그리스도께서 신실한 영혼에게
내적으로 말씀하신다

┌─┐ "내가 하나님 여호와께서 하실 말씀을 들으리니"(시
│ 1 │
└─┘ 85:8). 자신의 내면에서 말씀하시는 주님의 음성을 듣고(삼상
3:9), 그분의 입에서 나오는 위로의 말씀을 받는 영혼은 복이
있습니다.

하나님의 잔잔한 속삭임을 즐겁게 듣고(마 13:16,17) 세상
의 많은 속삭임에 전혀 주목하지 않는 귀는 복이 있습니다. 밖
에서 들리는 소리를 듣지 않고 내면에서 가르치는 진리를 듣
는 귀는 참으로 복이 있습니다. 외부의 것들에는 닫고 내면의
것들에 전념하는 눈은 복이 있습니다.

내면의 것에 깊이 들어가고, 하늘의 비밀을 알기 위해 매일
훈련함으로써 자신을 준비하는 사람들은 복이 있습니다. 하

나님을 위해 기쁘게 시간을 내고 세상의 모든 방해물을 떨쳐 버리는 사람들은 복이 있습니다.

2 내 영혼아, 이것들을 생각하고 네 감각적 욕망의 문을 닫아라. 그러면 네 주 하나님께서 네 안에서 하시는 말씀이 들릴 것이다(시 85:8). 네가 사랑하는 분이 말씀하신다. "나는 너의 구원이요(시 35:3) 너의 평안이며 생명이라. 너는 나와 함께 거하라. 그러면 평안을 찾으리라."

일시적인 것을 모두 내려놓고 영원한 것을 구하라. 일시적인 것은 모두 유혹의 덫이 아니고 무엇이겠는가? 네가 창조자에게 버림받으면 모든 피조물이 네게 무슨 소용이겠는가?

일시적인 것을 모두 내려놓고 너의 창조자를 기쁘게 하고 그분에게 충실하려고 힘써라. 그러면 진정한 복을 받으리라.

02 CHAPTER

진리는 요란하지 않게
내면에 말씀하신다

1 오 주님, 말씀하소서. 주의 종이 듣겠나이다(삼상 3:10). 저는 주의 종이오니 저를 깨닫게 하사 주의 증거들을 알게 하소서(시 119:125). 제 마음이 주님의 입에서 나오는 말씀을 향하게 하소서. 주님의 말씀이 이슬처럼 내리게 하소서.

과거 이스라엘 자녀들이 모세에게 "당신이 우리에게 말씀하소서 우리가 들으리이다 하나님이 우리에게 말씀하시지 말게 하소서 우리가 죽을까 하나이다"(출 20:19)라고 말했습니다.

주님, 주께 간구하오니, 그리하지 마소서. 그리하지 마소서. 사무엘 선지자처럼 겸손하고 간절하게 구하오니 "주님, 말씀하소서. 주의 종이 듣겠나이다."

모든 선지자에게 영감과 빛을 주시는 주 하나님, 모세나 다른 어떤 선지자들도 제게 말하게 하지 마시고 주께서 친히 말씀하소서. 주님은 이들 없이 저를 온전히 가르치실 수 있지만 주님이 계시지 않으면 이들은 아무 유익이 없기 때문입니다.

[2] 이들은 말씀을 전할 수는 있지만 성령을 줄 수는 없습니다. 이들은 아주 아름답게 말하지만 주께서 침묵하시면 마음에 불을 댕길 수 없습니다. 이들은 문자 그대로 가르칠 뿐이지만 주님은 그 의미를 밝혀주십니다. 이들은 신비를 제시할 뿐이지만 주님은 숨겨진 것들의 의미를 드러내십니다.

이들은 주님의 계명을 선포할 뿐이지만 주님은 저희가 그 계명을 행하도록 도우십니다. 이들은 길을 알려줄 뿐이지만 주님은 그 길을 걸어갈 힘을 주십니다.

이들은 단지 외적인 일을 할 뿐이지만 주님은 마음을 가르치고 깨우쳐주십니다. 이들은 겉으로 물을 줄 뿐이지만 주님은 열매 맺게 하십니다. 이들은 말로 외칠 뿐이지만 주님은 듣는 자들이 깨닫게 하십니다.

3 그러므로 모세가 말하게 하지 마시고 영원한 진리이신 주 나의 하나님께서 제게 말씀하소서.

제가 겉으로만 경고를 받고 내면이 불붙지 않아 열매 맺지 못하고 죽지 않게 하소서. 제가 말씀을 듣고도 행하지 않는 자, 말씀을 알고도 사랑하지 않는 자, 말씀을 믿고도 지키지 않는 자라고 정죄 받지 않게 하소서.

그러므로 주님, 말씀하소서. 주의 종이 듣겠나이다. 영생의 말씀이 주께 있기 때문입니다(요 6:68). 주께서 제게 말씀하소서. 제가 비록 불완전하나 저의 영혼을 위로하시고, 저의 온 삶을 고치시며, 찬양과 영광과 존귀가 영원토록 주께 돌아가게 하소서.

내면에서 가르치는 진리를 듣는 귀는 복이 있습니다
내면의 것들에 전념하는 눈은 복이 있습니다

03 CHAPTER

하나님의 말씀을 겸손히 듣고
중히 여겨야 한다

┌─1─┐ 사랑하는 주님의 말씀

내 아들아, 내 말을 들어라. 내 말은 지극히 감미롭고 세상 모든 철학자와 현자들의 지식을 능가한다. "내가 너희에게 이른 말은 영이요 생명이라"(요 6:63). 사람의 지혜로 측량할 수 없다. 나의 말을 가까이할 때, 헛된 만족을 구하지 말고 잠잠히 듣고 모든 겸손과 큰 사랑으로 받아야 한다.

제자의 말

주님, 주께 가르침을 받고 주님의 법에서 배우는 사람은 복이 있습니다. 주께서 그에게 환난의 날에 안식을 주시고(시 94:12,13) 땅에서 버림받지 않게 하실 것이기 때문입니다.

나는 옛적부터 선지자들을 가르쳤고(히 1:1) 지금까지 모두에게 말하기를 그치지 않았으나 많은 사람이 강퍅해져 내 음성에 귀를 막는다. 사람들은 대부분 하나님보다 세상에 더 귀를 기울이고 하나님의 선한 기쁨보다 자기 육신의 욕망을 더 따른다.

세상은 일시적이고 비천한 것들을 약속하는데도 사람들은 큰 열심을 품고 세상을 섬긴다. 나는 더없이 높고 영원한 것들을 약속하는데도 사람들의 마음이 받아들이지 않는다.

세상과 그 왕들을 섬길 때처럼 모든 일에서 그렇게 주의 깊게 나를 섬기고 내게 순종하는 자가 있느냐?

바다가 "시돈이여 너는 부끄러워할지어다"(사 23:4)라고 말한 적이 있는데, 그 이유를 묻는다면 내가 가르쳐주겠다. 많은 사람이 작은 소득을 위해 먼 길을 마다하지 않는다. 그런데 정작 영생을 위해서는 한 발짝도 옮기려 들지 않는다. 지극히 하찮은 상은 열심히 추구하고, 몇 푼을 손에 넣겠다고 부끄러운 싸움도 마다하지 않는다. 헛된 것들과 조그마한 약속을 위해서라면 밤낮으로 수고하기를 두려워하지 않는다.

3 │ 그러나 슬프다! 변하지 않는 선, 헤아릴 수 없는 상, 지극히 높은 영예와 무한한 영광을 위해서라면 조금만 피곤해도 불평을 쏟아내는구나! 그러므로 부끄러워하라. 게으르고 불평하는 종들아! 너희는 생명이 아니라 멸망으로 달려가고 있다.

네가 진리를 기뻐하는 이상으로 이들은 헛된 것을 기뻐한다. 사실, 때로 이들의 희망은 좌절되지만 나의 약속은 그 누구도 속이지 않으며(롬 1:16 ; 마 24:35) 나를 신뢰하는 자를 빈손으로 돌려보내지도 않는다.

내가 약속한 것은 내가 주리라. 누구든지 끝까지 신실하게 내 사랑 안에 거하면 내가 말한 것을 내가 이루리라. 나는 모든 선한 자에게 상을 주는 자이며(계 2:23 ; 마 5:6, 25:21), 내게 헌신하는 모두를 강하게 인정하는 자다.

4 │ 내 말을 네 마음에 새기고 부지런히 묵상하여라. 유혹이 닥칠 때 그 말이 네게 꼭 필요할 것이기 때문이다. 읽어도 이해되지 않는 것은 내가 너를 찾아가는 날 알게 될 것이다.

내가 택한 자들을 찾아가는 익숙한 방식이 두 가지 있다. 하나는 시험이고 하나는 위로이다. 나는 날마다 이들에게 두 가지로 교훈을 준다. 하나는 이들의 악을 꾸짖는 것이고, 또 하나는 이들이 덕을 더 쌓도록 권면하는 것이다. 내 말을 듣고도 멸시하는 자는 마지막 날에 심판받을 것이다.

⌜5⌝ 헌신의 은혜를 간구하는 기도

주 나의 하나님! 주님은 제 모든 선(善)이십니다. 제가 누구이기에 감히 주께 말하겠습니까(창 18:27 ; 삼상 18:18, 23)? 저는 주님의 가련하고 미천하기 이를 데 없는 종이고, 더없이 악한 자이며, 감히 표현할 수 없이 비천하고 가증한 자입니다.

그러나 주님, 저는 아무것도 아니고, 아무것도 없으며, 아무것도 할 수 없사오니 저를 기억해주소서.

주님만이 선하고 의로우며 거룩하십니다. 주님은 모든 것을 하실 수 있고, 모든 것을 이루실 수 있으며, 모든 것을 충만케 하실 수 있고, 오직 죄인만 빈손으로 돌려보내십니다.

주님의 자비를 기억하시고 제 마음을 주님의 은혜로 채워주십시오. 주님은 주님의 일이 공허하고 헛되기를 원치 않으십니다.

⌜6⌝ 주님의 자비와 은혜로 힘주시지 않으면 제가 어떻게

이 비참한 삶을 견딜 수 있겠습니까? 제 영혼이 주께 메마른 땅처럼 되지 않도록 주님의 얼굴을 제게서 돌리지 마시고(시

69:17), 저를 찾아오실 날을 미루지 마시고, 주님의 위로를 거두지 마십시오.

주님, 저를 가르쳐 주님의 뜻을 행하게 하시고(시 143:10), 저를 가르쳐 주님의 눈에 합당하고 겸손하게 살게 해주십시오. 주님은 저의 지혜이고 진정으로 저를 아시며, 세상이 창조되기도 전에, 제가 세상에 태어나기도 전에 저를 아셨기 때문입니다.

하나님 앞에서

진실하고 겸손해야 한다

<u>1</u> 사랑하는 주님의 말씀

내 아들아, 내 앞에서 진실하게 행하고 늘 단순한 마음으로 나를 찾아라(창 17:1 ; 지혜서 1:1).

내 앞에서 진실하게 행하는 자는 악한 공격에서 보호받고, 유혹하는 자들과 악한 비방자들에게서 진리가 그를 자유하게 할 것이다(요 8:32). 진리가 너를 자유하게 하면 네가 참으로 자유하고 사람들의 헛된 말에 개의치 않을 것이다.

제자의 말

주님, 그렇습니다. 주님의 말씀을 따라 주께 구하오니, 진리가 저와 함께하게 해주십시오. 주님의 진리가 저를 가르치고 인도하며, 마지막까지 저를 안전하게 지키게 해주십시오. 주님의 진리가 저를 모든 악한 욕망과 무절제한 사랑으로부터 놓여나게 해주십시오. 그러면 제가 아주 자유로운 마음으로 주님과 동행할 것입니다.

2 진리께서 하시는 말씀

내가 내 눈에 옳고 기쁜 것들로 너를 가르치리라. 심히 불쾌하고 슬픈 마음으로 네 죄를 돌아보고, 선을 행했다고 해서 절대 우쭐대지 말라.

진실로 너는 죄인이며, 많은 정욕에 굴복하고 얽매인다. 너는 언제나 아무것도 아닌 것에 집중하는 경향이 있다. 너는 빨리 낙담하고, 빨리 항복하며, 빨리 흐트러지고, 빨리 허물어진다.

너는 자신에 대해 아무것도 자랑할 것이 없다(고전 4:7). 오히려 자신에 대해 수치스럽게 여겨야 할 것이 많다. 너는 네가 알지 못할 만큼 약하기 때문이다.

⌈ 3 ⌉ 그러므로 네가 무엇을 하든 대단하게 여기지 말라. 오직 영원한 것 외에는 아무것도 중요하거나 귀중하고 놀랍게 여기지 말고, 존중할 만한 것이나 고귀한 것으로 여기지 말며, 진정으로 칭찬할 만하고 바랄 만하다고 여기지 말라.

그 무엇보다 영원한 진리를 기뻐하라. 너 자신이 지극히 무가치하다는 것을 언짢게 여겨라. 무엇보다도 네 잘못과 죄를 두려워하고 탓하며 피하라. 땅의 그 어떤 좋은 것을 잃는 것보다 너 자신의 잘못과 죄를 더 슬퍼해야 마땅하다.

어떤 사람들은 내가 보기에 진실하게 행하지 않고(집회서 3:21-23 ; 고후 2:17), 어떤 호기심과 교만에 이끌려 나의 비밀을 알려고 하고, 하나님의 높은 것들을 이해하려 하면서도 정작 자신과 자신의 구원은 소홀히 한다. 내가 이들과 맞서면, 이들은 교만과 호기심 때문에 큰 유혹과 죄에 빠지기 일쑤이다.

⌈ 4 ⌉ 너는 하나님의 심판을 두려워하고, 전능자의 진노를 무서워하라. 그러나 지존자의 일을 논하지 말고, 자신의 허물을 부지런히 살펴라. 네가 얼마나 큰 죄를 저질렀고 선한 일을 얼마나 소홀히 여겼는지 살펴라.

나의 약속은 그 누구도 속이지 않으며
나를 신뢰하는 자를 빈손으로 돌려보내지도 않는다

어떤 사람들은 자신의 신앙을 그저 책이나 그림이나 외적 표현물과 조각으로 표현한다. 어떤 사람들은 나를 입술에만 두고 마음에는 거의 두지 않는다(사 29:13).

그런가 하면, 마음에 깨우침을 받고 정서가 깨끗해져 언제나 영원한 것을 갈망하고, 이 세상의 것을 들으려 하지 않으며, 본성의 필요를 섬기는 것을 슬퍼하는 사람들이 있다.

이들은 진리의 성령께서 내면에 하시는 말씀을 알아듣는다(시 25:5). 진리의 성령께서 이들에게 땅의 것을 멸시하고 하늘의 것을 사랑하라고, 세상을 경시하고 천국을 밤낮으로 사모하라고 가르치시기 때문이다(시 1:2).

05 CHAPTER

하나님을 사랑하는 사람이 낳는
놀라운 결과에 관하여

1 제자의 말

하늘에 계신 아버지, 나의 주 예수 그리스도의 아버지, 주님을 찬양합니다. 주님이 가련한 피조물인 저를 기억하겠다고 약속하셨기 때문입니다.

자비의 아버지시요 모든 위로의 하나님(고후 1:3), 저처럼 위로받을 자격이 없는 자에게 위로를 통해 새 힘을 주신 주님께 감사드립니다. 제가 독생하신 성자, 위로자이신 성령과 더불어 주님을 영원히 송축하고 찬양할 것입니다.

아, 주 하나님, 제 영혼을 사랑하시는 거룩하신 분이여, 주님이 제 마음에 들어오실 때 제 속에 있는 모든 것이 기뻐할 것입니다. 주님은 저의 영광이고 제 마음의 더없는 기쁨이며 환난 날에 저의 소망이요 피난처이십니다(시 32:7, 59:16).

2 그러나 저는 아직 사랑이 깊지 못하고 덕이 부족해 주
님이 주시는 힘과 위로가 필요하오니 저를 자주 찾아오셔서
모든 거룩한 훈계로 가르치소서.

저를 악한 열정에서 벗어나게 하시고, 온갖 지나친 애착으
로 가득한 제 마음을 고쳐주소서. 제가 내면이 치유되고 완전
히 깨끗해져서 사랑하고 담대하게 고난을 견디며 끈질기게
인내할 수 있게 하소서.

3 사랑은 위대합니다. 그렇습니다. 위대하고 아주 선합니
다. 사랑만이 모든 무거운 짐을 가볍게 합니다. 사랑은 고르지
않은 모든 것을 고르게 하고, 짐을 지고도 짐으로 여기지 않으
며(마 11:30), 온갖 쓴 것을 달콤하고 맛나게 하기 때문입니다.

예수님의 고귀한 사랑은 큰일을 하도록 촉구하고, 늘 더 완
전한 것을 갈망하라고 재우칩니다.

사랑은 솟구치려 하며, 낮고 천한 것에 억눌리려 하지 않을
것입니다. 사랑은 자유롭고, 모든 세상적 애착을 벗어버려 내
면의 시각이 방해받지 않으며, 그 어떤 일시적 번영에도 매이
지 않고, 그 어떤 역경에도 굴복하지 않기를 원합니다.

하늘에서든 땅에서든 사랑보다 달콤한 것은 없고, 사랑보다 용감한 것도, 높은 것도, 넓은 것도, 유쾌한 것도 없으며, 사랑보다 완전하고 나은 것도 없습니다. 사랑은 하나님에게서 났고, 모든 피조물 위에 계시는 하나님 외에 그 어디서도 안식할 수 없기 때문입니다.

4 사랑하는 사람은 날고, 뛰며, 기뻐합니다. 그는 자유로우며 매일 수 없습니다. 사랑하는 사람은 모두를 위해 모든 것을 주고도 모두에게서 모든 것을 갖습니다. 만물 위에 지극히 높으신 분, 모든 선한 것의 원천이신 분 안에서 안식하기 때문입니다. 사랑하는 사람은 선물을 보지 않고 모든 좋은 것을 뛰어넘어 그것을 주시는 분을 바라봅니다.

사랑은 흔히 한계를 모르며, 모든 한계를 뛰어넘어 타오릅니다. 사랑은 짐을 짐으로 느끼지 않고, 수고를 수고로 여기지 않으며, 힘에 부치는 일도 마다하지 않고, 불가능하다고 핑계를 대지도 않습니다. 사랑은 자신에게는 모든 것이 정당하고 모든 것이 가능하다고 생각하기 때문입니다. 그러므로 사랑은 모든 것을 맡을 수 있고, 사랑하지 않는 사람이 실패하고 주저앉는 곳에서 많은 일을 완수합니다.

┌ 5 ┐ 사랑은 늘 깨어 있으며 잠들지 않습니다(롬 8:19). 지쳐도 피곤해하지 않고, 억눌려도 제한받지 않으며, 놀라도 혼란에 빠지지 않습니다. 오히려 살아 있는 불꽃과 타오르는 횃불처럼 모든 것을 거침없이 뚫고 올라갑니다.

사랑하는 사람은 이 말뜻을 알 것입니다. 마음이 뜨거운 영혼이 "나의 사랑, 나의 하나님, 주님의 전부는 나의 것이며 나의 전부는 주님의 것입니다"라고 말할 때 이것은 하나님의 귀에 큰 외침으로 들리기 때문입니다.

┌ 6 ┐ 제 안의 사랑이 더 커지게 하사, 주님을 사랑하고 주님의 사랑에 흠뻑 빠지는 것이 얼마나 달콤한지 제 마음의 입으로 맛보게 하소서. 제가 사랑에 사로잡혀, 넘치는 열정과 찬양으로 저 자신을 뛰어넘게 하소서. 사랑의 노래를 부르며 주님을, 높이 계신 나의 사랑을 따르게 하소서.

저 자신보다 주님을 사랑하고 오직 주님 때문에 저를 사랑하게 하소서. 주님에게서 빛을 발하는 사랑의 법이 명하듯이, 주님을 진정으로 사랑하는 모든 사람을 주님 안에서 사랑하게 하소서.

사랑은 모든 것을 맡을 수 있고,
사랑하지 않는 사람이 실패하고 주저앉는 곳에서
많은 일을 완수합니다

[7] 사랑은 날래고, 진실하며, 다정하고, 유쾌하고, 상냥합니다. 사랑은 용감하고, 인내하며, 신실하고, 신중하며, 오래 참고, 담대하며, 결코 자기의 유익을 구하지 않습니다(고전 13:5). 어떤 환경에서든 자신의 유익을 구하는 사람은 사랑에서 멀어지기 때문입니다(고전 10:33 ; 빌 2:21).

사랑은 신중하고, 겸손하며, 정직합니다. 사랑은 유약하거나 경솔하지 않으며, 헛된 것에 주목하지 않습니다. 사랑은 냉정하고, 정숙하며, 꾸준하고, 조용하며, 매사에 조심합니다.

사랑은 윗사람에게 복종하고 순종하며, 자신을 비천하게 여기며, 설령 하나님께서 좋은 것을 주지 않으시더라도 하나님께 헌신하고 감사하며 늘 하나님을 신뢰하고 그분에게 소망을 둡니다. 사랑하며 사는 사람에게는 늘 슬픔이 함께하기 때문입니다.

[8] 모든 것을 견디며 자신이 사랑하는 분의 뜻을 고수할 준비가 되어 있지 않은 사람은 하나님을 사랑하는 자라 불릴 자격이 없습니다(롬 8:35). 사랑하는 사람은 자신이 사랑하는 분을 위해 힘들고 불쾌한 모든 것을 기꺼이 감내해야 하며, 그 어떤 역경에도 그분에게 등을 돌려서는 안 됩니다.

06 CHAPTER

진정으로 그리스도를
사랑하는 증거

⌈ 1 ⌉ 사랑하는 주님의 말씀

내 아들아, 너는 아직 용감하고 사려 깊게 사랑하는 사람이 아
니다.

제자의 말

오 주님, 왜 그렇습니까?

사랑하는 주님의 말씀

누가 조금만 반대해도 네가 하던 일을 그만두고, 아주 열심히
위로만 구하기 때문이다. 용감한 연인은 유혹에 흔들리지 않
고 원수의 교묘한 설득에 넘어가지 않는다.

이런 사람은 형통할 때 나를 기쁘게 하듯이, 역경을 만날 때도 똑같이 나를 기쁘게 한다(빌 4:11-13).

[2] 신중한 연인은 사랑하는 이가 주는 선물보다 그 선물을 주는 이를 더 귀하게 여긴다. 그는 선물의 가치보다 선의를 더 존중하며, 사랑하는 분을 모든 선물보다 위에 둔다. 고귀한 마음으로 사랑하는 사람은 선물에서가 아니라 모든 선물보다 내게서 쉼을 얻는다.

그러므로 네가 때로 나 또는 나의 성도들에게 네가 바라는 만큼 마음이 가지 않더라도 모든 것을 다 잃은 것이 아니다.

네가 이따금 느끼는 선하고 달콤한 감정은 이 땅에서 받은 은혜의 결과이며, 네 본향인 천국의 맛보기이다. 하지만 이러한 감정은 왔다가 사라지는 것이므로 여기에 너무 의지해서는 안 된다. 그러나 마음에서 일어나는 악한 움직임에 맞서 싸우고 마귀의 속삭임을 조롱하듯 물리치면(마 4:10) 덕이 있다는 또렷한 표시이며 큰 상을 얻을 것이다.

[3] 그러므로 어느 주제에 관해서든 그 무엇이라도 네 마음에 밀려드는 이상한 환상이 너를 괴롭히게 하지 말라. 너의 목표와 하나님을 향한 강직한 뜻을 용감하게 견지하라.

네가 이따금 갑자기 잔뜩 고취되었다가 마음이 공허한 익숙한 상태로 이내 돌아오는 것은 환상이 아니다. 이것은 네가 일부러 만들어낸 것이 아니라 마지못해 당하는 상황이기 때문이다. 그러므로 네가 이런 상황을 싫어하고 이에 맞서 싸운다면 네게 손해가 아니라 득이 된다.

4 옛 원수는 네가 선을 갈망하지 못하고 모든 경건 훈련을 하지 못하도록 수단 방법을 가리지 않고 방해하려 한다. 특히 네가 하나님의 성도들을 공경하지 못하고 성도들을 기억함으로써 유익을 얻지 못하게 하려 하고, 네가 네 마음을 살피지도 못하고 덕을 더 쌓겠다는 확고한 목적을 추구하지도 못하게 하려 한다.

그는 네게 악한 생각을 많이 집어넣어 네 속에 지루함과 두려움을 일으키고 네가 기도와 거룩한 독서를 멀리하게 하려 한다. 그는 겸손한 고백을 싫어해서 할 수만 있으면 네가 성찬에 참여하지 못하게 하려 할 것이다.

그가 너를 잡으려고 속임수의 덫을 자주 놓더라도 그를 믿지 말고 그에게 눈길도 주지 말라. 그가 악하고 더러운 생각을 네게 집어넣으려 할 때, 이렇게 그를 꾸짖어라.

"이 더러운 영아, 썩 물러가라(마 4:10, 16:23)! 이 비열한 놈아, 부끄러운 줄 알아라! 그런 소리를 내 귀에 속삭이다니, 더럽기 짝이 없구나!"

"이 사악한 사기꾼아, 내게서 물러가라! 내 안에 네 놈을 위한 자리는 없다. 오직 예수님이 용맹스러운 전사로서 나와 함께하실 테니 네 놈은 혼비백산할 것이다."

"네 놈 말을 듣느니 차라리 어떤 고통이든 당하고 죽는 편이 낫겠다."

"네 입을 다물고 가만히 있어라. 네 놈이 나를 숱하게 괴롭혀도 더는 네 말을 안 듣겠다. '주님이 나의 빛이요 나의 구원이시니 내가 누구를 두려워하겠느냐?'"(시 27:1)

"온 군대가 나를 향해 진 칠지라도 내 마음이 두려워하지 않을 것이다. 주님이 나의 도움이요 나의 구원자이시다."

5 선한 용사처럼 싸워라(시 27:14 ; 딤전 6:12). 때로 네가 연약해 쓰러지더라도 더 풍성한 나의 은혜를 의지하고 이전보다 더 큰 힘을 얻어라. 헛된 쾌락과 교만을 특히 조심하라. 많은 사람이 헛된 쾌락과 교만으로 잘못되고 때로 거의 치료가 불가능한 몽매에 빠진다. 교만한 자들은 어리석고 주제넘게 굴다가 넘어지게 두고, 이것을 경고로 받아들여 늘 겸손하라.

CHAPTER

겸손 아래
은혜를 감추어야 한다

⌐ 1 ⌐ 사랑하는 주님의 말씀

내 아들아, 헌신의 은혜를 받았다면 그것을 감추는 것이 네게 더 유익하고 안전하다. 그러니 너 자신을 높이거나 그 은혜를 자랑하거나 거기 눌러앉지 말고, 오히려 자격 없는 자가 은혜를 받은 것처럼 자신을 낮추고 두려워하라.

이런 감정은 금세 정반대로 바뀔 수 있으니 여기 지나치게 의존해서는 안 된다. 은혜를 받았거든 만일 은혜를 받지 못했다면 얼마나 비참하고 궁핍할지 생각하라.

영적 생활의 진보는 위로의 은혜를 받았을 때만 이루어지는 것이 아니다. 은혜가 떠나갔을 때도 기도훈련을 게을리하지 않고, 나머지 익숙한 의무들을 소홀히 하지 않으며, 겸손과 자기 부인과 인내로 견디면 이루어진다. 오히려 힘과 지혜를 다해 맡겨진 일을 기쁘게 행하고, 네가 느끼는 마음의 건조함이나 불안 때문에 자신을 완전히 내팽개치지 말라.

2 성공하지 못했을 때 금세 조바심 내고 나태해지는 사람이 많다. 사람의 길은 늘 그의 능력에 달린 것이 아니고(렘 10:23 ; 롬 9:16), 원하실 때, 원하시는 만큼, 원하시는 사람에게 주시고 위로하시는 하나님께 속한 것이다. 사람의 길은 하나님의 뜻과 기뻐하심에 달렸을 뿐이다.

헌신된 삶의 은혜를 받았으나 충고를 듣지 않은 자들은 스스로 파멸에 이르렀다. 자신의 약함을 헤아리려 이성적으로 판단하지 않고 마음의 욕망을 따라 자신의 능력을 넘어서려고 했기 때문이다. 이들은 하나님을 기쁘게 하는 것보다 더 큰 일을 하려 했고, 이 때문에 이내 그분의 은혜를 잃었다.

스스로 하늘에 둥지를 틀었던 자들이(사 14:13) 쫓겨나 무기력하고 비천하게 되었다. 이것은 이들이 낮아지고 가난해져서, 자신의 날개로 나는 것이 아니라 나의 날개 아래 들어와 나를 의지해야 한다는 것을 배우게 하기 위해서이다.

아직 주님의 길이 서툰 초보자들은 분별력 있는 사람들의 조언을 따르지 않으면 쉽게 속아서 풍비박산할 수 있다.

☐ 3 ☐ 경험 많은 사람들을 신뢰하기보다 자기 생각을 좇는 사람들이 근거 없는 자만을 버리려 하지 않으면 결국 위험해질 것이다. 스스로 지혜롭다는 자들이 겸손하게 다른 사람의 다스림을 받는 경우는 아주 드물다.

배움의 보화를 많이 가졌으나 헛된 자아도취에 빠지는 것보다는 많이 배우지 못하고 그리 명철하지 못해도 겸손한 것이 낫다(시 16:2, 17:10). 많이 가지고 자랑하는 것보다 적게 가진 편이 낫다.

예전에 무기력했던 것과, 받은 은혜를 잃을까봐 두려워하며 순전히 주님을 경외한 것을 잊고 기쁨에만 몰두하는 사람은 분별없이 행하는 것이다.

역경이나 환난을 당하여 금방 절망적인 생각에 빠져서, 나를 마땅히 생각하고 신뢰해야 하는 것보다 덜 생각하고 신뢰한다면 이 또한 그리 지혜롭지 못하다.

☐ 4 ☐ 평화로울 때 안일한 사람은(살전 5:6) 전쟁의 때에 지나치게 낙담하고 두려움에 휩싸일 때가 많다.

네가 늘 겸손하고 스스로 절제하는 지혜가 있으며 네 영혼을 철저히 절제하고 다스린다면 쉽게 위험과 죄악에 빠지지 않을 것이다.

사람의 길은 늘 그의 능력에 달린 것이 아니고
하나님의 뜻과 기뻐하심에 달렸을 뿐이다

네 안에 영적인 열정이 불타오를 때 그 불길이 사그라지면 어떻게 될지 생각하라는 말은 좋은 충고이다. 이런 일이 일어나면 그 불길이 되돌아올 수 있다는 것을 기억하라. 내가 잠시 불길을 거둔 것은 네게 경고하고 내가 영광을 받기 위해서이다(욥 7장).

5 모든 것이 늘 뜻대로 되기보다 이런 시련을 겪는 것이 유익할 때가 많다. 사람의 가치는 얼마나 많은 환상을 보고 위로를 받느냐, 성경을 얼마나 많이 아느냐, 얼마나 높은 자리에 있느냐로 평가되지 않기 때문이다.

오히려 사람의 가치는 참으로 겸손하고 하나님을 온전히 사랑하느냐, 언제나 순전하고 진실하게 하나님의 영광을 구하느냐, 자신을 아무것도 아니게 생각하고 진정으로 멸시하느냐, 다른 사람들에게 높임을 받기보다 오히려 멸시를 당하고 낮아지기를 더 기뻐하느냐로 평가되기 때문이다.

하나님의 눈앞에서
교만과 자부심을 거두어야 한다

1 제자의 말

티끌과 재에 지나지 않는 제가 어찌 주께 아뢸 수 있겠습니까(창 18:27)? 저 자신을 그 이상으로 여긴다면, 주께서 저를 대적하시고 저의 죄가 진실을 증언하기에 저는 반박할 수 없습니다.

그러나 제가 자신을 낮추고 아무것도 아니게 여기며 모든 자부심을 거두고 스스로 티끌로 여긴다면 주님의 은혜가 임하고 주님의 빛이 제 마음을 비출 것이며, 아무리 작더라도 모든 자부심이 '나는 아무것도 아님'이라는 골짜기에 던져져서 영원히 사라질 것입니다.

거기서 주님은 제가 무엇이고, 무엇이었으며, 무엇이 될지를 친히 보여주십니다. 저는 아무것도 아닌데도 제가 이것을 알지 못했기 때문입니다.

저를 홀로 버려두시면 저는 아무것도 되지 못하고 그저 연약한 채로 남을 뿐입니다. 그러나 주님이 저를 잠깐만 바라보시면 저는 곧바로 강해지고 새로운 기쁨으로 채워집니다. 저 자신의 무게로 늘 가라앉기만 하던 제가 은혜로 안아주시는 주님 때문에 이렇게 갑자기 떠오르는 것은 아주 놀라운 일입니다.

2 주님의 사랑이 저를 값없이 보호하고, 수많은 곤경에서 건지며, 긴박한 위험에서 지키고, 무수한 악에서 낚아챕니다.

참으로 저는 자신을 비뚤게 사랑함으로써 저 자신을 잃었지만(요 12:25), 주님만을 구하고 순전히 주님을 사랑함으로써 자신도 찾고 주님도 찾았으며, 그 사랑 때문에 저를 더욱 낮추어 아무것도 아닌 것으로 여겼습니다.

지극히 사랑스러운 주님, 주님은 제가 감히 바라거나 구하는 것 이상으로 저를 너무나 과분하게 대하십니다.

┌ 3 ┐ 나의 하나님, 주님을 송축합니다. 저는 좋은 것을 받을
자격이 하나도 없는데 주님은 더없이 후하고 무한히 선하셔
서 은혜를 모르는 자들과(마 5:45) 주님을 멀리 떠난 자들에게
까지 결코 쉬지 않고 선을 행하십니다.

저희를 주께 돌이켜 저희가 감사하고 겸손하며 헌신하게
하소서. 주님은 저희의 구원이요 용기이며 힘이시기 때문입
니다.

09 CHAPTER

궁극적 목적이신 하나님께
모든 것을 돌려야 한다

┌─┐
│ 1 │ 사랑하는 주님의 말씀
└─┘

내 아들아, 네가 진정 복을 받으려면 나를 너의 최고의 목표이
자 최종 목적으로 삼아야 한다. 이렇게 할 때, 이기심과 피조
물을 향해 너무나 자주 심하게 기울었던 네 마음이 깨끗해질
것이다. 네가 무슨 일에서든 너의 유익을 구하면 곧바로 약해
지고 황폐해지기 때문이다.

그러므로 모든 것을 먼저 내게 맡겨라. 내가 그 모든 것을
주었기 때문이다. 모든 것이 최고선(最高善)에서 흘러나온다
는 것을 명심하라(집회서 1:5). 그러므로 모든 것을 만물의 근
원인 나에게 돌려야 한다.

┌ 2 ┐ 작은 자와 큰 자, 가난한 자와 부유한 자가 모두 생명의 샘인 나에게서 생수를 긷는다(요 4:14). 기꺼이, 자유롭게 나를 섬기는 자들은 은혜 위에 은혜를 받으리라. 그러나 나 외에 다른 것을 자랑하거나(고전 1:29) 개인적인 선함에서 즐거움을 얻으려는 자는 참된 기쁨을 누리지 못하고 그 마음이 넓어지지도 못하며 많은 면에서 가로막히고 곤경에 처할 것이다.

그러므로 너는 좋은 것은 하나라도 자신이나 다른 사람의 공으로 돌려서는 안 되며, 모든 것을 하나님께 돌려야 한다. 하나님 없이는 사람이 아무것도 가질 수 없기 때문이다. 내가 모든 것을 주었고(고전 4:7) 나의 뜻은 모든 것이 내게로 다시 돌아오는 것이므로 내게 감사를 돌릴 것을 엄중히 요구한다.

┌ 3 ┐ 이것이 헛된 자랑을 몰아내는 진리이다. 하늘의 은혜와 참사랑이 마음에 들어가면 질투도 없고 편협함도 없을 것이며 자기 사랑이 자리를 잃을 것이다. 하나님의 사랑은 모든 것을 이기고 영혼의 모든 능력을 키워주기 때문이다.

네가 참으로 지혜롭다면, 오직 내 안에서 기뻐하고, 오직 나에게 소망을 둘 것이다. 모든 것 위에 찬양받으시고 모든 것 가운데서 송축을 받으실 하나님 한 분 외에는 선한 이가 없기 때문이다(마 19:17 ; 눅 18:19).

좋은 것은 하나라도 자신이나 다른 사람의 공으로 돌려서는 안 되며,
모든 것을 하나님께 돌려야 한다

10 CHAPTER

세상을 멸시하고
하나님을 섬기는 달콤한 삶

1 제자의 말

주님, 제가 침묵을 깨고 주께 아룁니다. 높이 계시는 나의 하나님, 나의 주님, 나의 왕께서 들으시도록 말합니다. "주님을 경외하는 사람에게 주시려고 주님께서 마련해두신 복이 어찌 그리도 큰지요?"(시 31:19)

주님을 사랑하는 자들에게 주님은 어떤 분이십니까? 마음을 다해 주님을 섬기는 자들에게 주님은 어떤 분이십니까? 주님을 묵상하는 그 달콤함, 주님이 주님을 사랑하는 자들에게 허락하시는 그 달콤함은 정말이지 말로 표현할 수 없습니다.

무엇보다 묵상을 통해, 주님은 주님의 사랑이 얼마나 달콤한지 보여주셨습니다. 제가 존재하지 않았을 때 주님이 저를

지으셨고, 제가 주님을 멀리 떠났을 때 주님이 저를 다시 데
려와 주님을 섬기게 하시고 주님을 사랑하라고 명하셨습니다
(창 1:27 ; 시 119:73 ; 마 15장, 10:37).

[2] 영원한 사랑의 샘이여, 제가 주님에 대해 무슨 말을 하
겠습니까? 주님은 제가 쇠약하고 길을 잃은 후에도 저를 기억
하겠다고 약속하셨는데 제가 어떻게 주님을 잊겠습니까?

주님은 모든 기대 이상으로 주의 종에게 자비를 베푸시고,
전혀 자격 없는 자에게 은혜와 인자를 베푸셨습니다. 이 은혜
에 무엇으로 보답하겠습니까(시 116:12)? 모든 것을 버리고
세상을 포기한 채 신앙의 삶을 사는 일이 누구에게나 허락된
것이 아니기 때문입니다.

모든 창조 세계가 주님을 마땅히 섬겨야 하는데, 제가 그런
주님을 섬기는 것이 대단한 일이겠습니까? 저는 주님을 섬기
는 일을 대단하게 여겨서는 안 되며, 오히려 과분한 일로 여겨
야 합니다.

주님이 이처럼 비천하고 무가치한 자를 받아들여 주님을
섬기게 하고 주님이 사랑하는 종들 중 하나로 삼겠다고 약속
하신 것이 참으로 놀라울 뿐입니다.

┌ 3 ┐ 보소서. 제가 가진 전부가 주님의 것이며, 제가 그것으로 주님을 섬깁니다(고전 4:7). 그런데 사실은 제가 주님을 섬기는 것이 아니고 주님이 저를 섬기십니다.

보소서. 주님이 사람을 섬기라고 창조하신 하늘과 땅은 순조롭게 준비되어 주님이 명하신 것들을 날마다 행합니다. 이것은 오히려 작은 일로, 주님은 더 나아가 천사들에게 사람을 섬기라고 명하기도 하셨습니다(시 91:11 ; 히 1:14).

그러나 주님이 친히 사람을 섬기기로 하시고 자신을 사람에게 내어주기로 약속하신 것은 이 모두를 뛰어넘습니다.

┌ 4 ┐ 이 수많은 은혜에 무엇으로 보답하겠습니까? 내 평생 주님을 섬길 수 있다면! 단 하루라도 주님을 합당하게 섬길 수 있다면!

참으로 주님은 모든 섬김과 존귀와 영원한 찬양을 받기에 합당하십니다. 참으로 당신은 저의 주님이시며, 저는 주님의 미천한 종입니다. 하여, 저는 온 힘을 다해 주님을 섬기며 지치지 않고 주님을 찬양해야 마땅합니다.

이렇게 하고 싶고, 이렇게 할 수 있기를 바랍니다. 제게 무엇이라도 부족한 것이 있다면 주께 구하오니 채워주소서.

┌ 5 ┐ 주님을 섬기고 주님 때문에 모든 것을 멸시하는 것은 큰 영예요 큰 영광입니다. 주님을 가장 거룩하게 섬기는 일에 자신을 기꺼이 바치는 자들은 큰 은혜를 받을 것이기 때문입니다.

주님을 사랑하기에 육신의 기쁨을 모두 버린 자들은 더없이 달콤한 성령의 위로를 얻을 것입니다(마 19:29). 주님의 이름을 위해 좁은 길로 들어서고(마 7:14) 모든 세상 근심을 버린 자들은 마음에 큰 자유를 얻을 것입니다.

┌ 6 ┐ 하나님을 섬기는 일이 얼마나 달콤하고 기쁜지요(마 11:30 ; 요일 5:3)! 이로써 사람이 참으로 자유롭고 거룩해집니다. 신앙의 봉사가 얼마나 거룩한지요! 이로써 사람이 천사와 동등해지고, 하나님을 기쁘게 하며, 마귀를 떨게 하고, 모든 신자에게 칭찬받기에 합당해집니다.

섬김은 늘 반기고 열망해야 하는 것입니다. 섬김을 통해 저희는 가장 좋은 것으로 보상받고 영원한 기쁨을 얻습니다!

11 CHAPTER

마음의 갈망과 욕망을
살피고 절제해야 한다

┌ 1 ┐ 사랑하는 주님의 말씀

내 아들아, 너는 아직 제대로 배우지 못했으므로 여전히 배워
야 할 것이 많다.

제자의 말

주님, 그것이 무엇입니까?

사랑하는 주님의 말씀

너의 욕망이 나의 선한 뜻을 온전히 따르게 하고(시 108:1 ; 마
6:10), 네가 너 자신을 사랑하지 않고 나의 뜻을 성실하게 좇
는 것이다.

여러 갈망과 욕망이 자주 네 마음에 불일 듯하고 너를 난폭하게 몰아간다. 그런데 너는 나의 영광이 아니라 너 자신의 유익을 위해 움직인다고 생각되지 않느냐?

내가 네 행위의 이유라면 너는 내가 무엇을 명하든 거기에 만족할 것이다. 그러나 조금이라도 너의 유익을 구한다면(빌 2:21) 이것이 너를 가로막고 짓누를 것이다.

2 그러므로 내게 묻지 않은 채 이미 마음에 품은 욕망에 너무 쏠리지 않도록 조심하라. 그러지 않으면 처음에는 즐겁고 최선으로 보여서 열심히 구했던 것이 나중에는 오히려 후회되고 싫어질 것이다. 어떤 뜻이 좋아 보여도 곧바로 따라서는 안 되며, 언뜻 보기에 반감이 든다고 피해서도 안 되기 때문이다.

선한 욕망이나 노력도 때로는 자제하는 것이 바람직하다. 지나친 열심에 마음이 흐트러지거나, 자신을 다스리지 못해서 다른 사람들에게 걸림돌이 되거나, 다른 사람의 방해나 반대에 부딪혀 갑자기 당황하고 넘어질 수 있기 때문이다.

3 때로는 강제력을 동원해 네 육신의 정욕에 담대하게 맞서고(빌 2:12), 육신이 원하거나 원치 않는 것을 무시하며(롬

네 욕망이 나의 선한 뜻을 온전히 따르게 하라

선한 욕망이나 노력도 때로는 자제하는 것이 바람직하다

8:1-13 ; 고후 4:10, 10:3), 오히려 육신의 뜻을 거슬러 육신을 성령에 복종시키려 애써야 한다(고전 9:27).

육신이 작은 것에 만족하고 소박한 것을 기뻐하며 그 어떤 불편에도 투덜대지 않는 법을 배워 모든 상황에 준비될 때까지 오랜 시간 육신을 쳐서 복종시켜야 한다.

12 CHAPTER

영혼의 인내를 기르고
정욕에 맞서 싸워야 한다

[1] 제자의 말

주 나의 하나님, 저는 인내가 절실히 필요한 사람입니다(히 10:36). 제가 분명하게 보듯이, 저희는 세상에 사는 동안 수없이 많은 역경을 만나기 때문입니다. 제가 평안하려고 무슨 계획을 세우든지 제 삶에서 다툼과 슬픔을 피할 수 없기 때문입니다(욥 7:1).

사랑하는 주님의 말씀

그렇다, 내 아들아. 그러나 나의 뜻은 네가 유혹이나 역경이 없는 평안을 구하는 것이 아니라, 오히려 많은 환난과 역경을 겪는 중에 평안을 발견했다고 생각하는 것이다(약 1:2).

2 만일 네가 지금 많은 고난을 견딜 수 없다고 말한다면, 장차 닥칠 불을 어떻게 견디겠느냐? 두 괴로움 중에서 언제나 덜한 쪽을 택해야 한다. 그러니 장차 영원한 형벌을 피하려면 하나님을 위해 현재의 고난을 인내하며 이겨내려고 노력하라.

이 세상 사람들이 고난을 전혀 또는 거의 겪지 않는다고 생각하느냐? 가장 큰 즐거움을 누리는 자들에게 물어보면, 그렇지 않다는 것을 알 것이다.

그러나 너는 그들은 많은 기쁨이 있고 자신이 원하는 것을 하니 그들의 괴로움을 대수롭지 않게 생각한다고 말할 것이다. 그렇다. 그들은 자신이 원하는 것은 무엇이든 갖는다. 그러나 그것이 얼마나 오래갈 것이라 생각하느냐?

3 보아라. 이 세상 재물은 연기처럼 사라지고(시 68:2), 이들이 과거에 누렸던 기쁨은 아무도 기억하지 않을 것이다!

그렇다. 이들이 살았을 때도 괴로움과 연약함과 두려움 없이 편안하게 안식한 것이 아니다. 이들은 자신들이 기쁨이라고 생각한 바로 그것 때문에 슬픔의 형벌을 받을 때가 많다. 무절제하게 쾌락을 추구하고 좇았으니 수치와 괴로움이 동반되는 것이 마땅하다.

┌ 4 ┐ 이 모든 쾌락이 얼마나 짧고 거짓되며, 얼마나 무절제하고 더러운지! 그런데도 한껏 취하고 눈이 먼 자들은 이것을 알지 못한다. 그래서 말 못 하는 짐승처럼 타락한 이생에서 작은 즐거움을 좇다가 영혼의 죽음을 초래한다.

그러므로 내 아들아, 너는 "네 욕망을 따르지 말고 욕심을 절제하라"(집회서 18:30). "여호와를 기뻐하라 그가 네 마음의 소원을 네게 이루어주시리로다"(시 37:4).

네가 나에게서 참된 기쁨과 더 풍성한 위로를 얻으려고 모든 세상 것을 멸시하고 모든 저속한 기쁨을 잘라버리면, 이것이 너의 복이 되고 풍성한 위로가 네게 임할 것이다. 네가 피조물의 위안을 멀리할수록 내게서 더 감미롭고 더 강력한 위로를 발견할 것이다.

그러나 이런 위로를 얻으려면 처음에는 적잖이 슬픔도 있고 힘든 갈등도 있을 것이다. 오랜 습관이 저항하겠지만 더 나은 습관으로 완전히 극복할 것이다. 육신이 네게 투덜대겠지만 영혼의 열심이 재갈을 물릴 것이다. 옛 뱀이 너를 부추기고 괴롭히겠지만 기도로 쫓아버릴 수 있을 것이다. 또한 유익한 일을 함으로써 그의 더 강력한 접근을 차단할 수 있을 것이다.

13 CHAPTER

예수 그리스도를 본받아

겸손히 순종함에 관하여

┌─1─┐ 사랑하는 주님의 말씀

내 아들아, 순종에서 멀어지려 애쓰는 자는 은혜에서 멀어지고, 자신의 특권을 구하는 자는 모두에게 공통된 특권을 잃는다(마 16:24). 윗사람에게 즐겁고도 자유롭게 복종하지 않는 것은 그의 육신이 아직 윗사람에게 온전히 순종하지 못하며 걸핏하면 대들고 불평한다는 표시이다. 그러니 네 육신에 멍에를 지우려거든 윗사람에게 신속히 복종하는 법을 배워라.

　속사람이 쓰러지지 않으면 외부의 적을 더 신속히 쓰러뜨릴 수 있다. 성령과 조화롭게 지내지 못한다면 너 자신이야말로 네 영혼에 가장 나쁜 적이고 가장 큰 골칫거리이다. 혈과 육을 이기려면 너 자신을 진정으로 경멸해야 한다.

2 네가 자신을 다른 사람들의 뜻에 온전히 맡기기를 두려워하는 것은 너 자신을 무절제하게 사랑하기 때문이다.

무(無)에서 만물을 창조한 전능자요 지존자인 내가 너를 위해 나를 낮추어 사람에게 복종했는데, 티끌이요 아무것도 아닌 네가 하나님을 위해 사람에게 복종하는 것이 대단한 일이겠느냐(눅 2:7 ; 요 13:14)?

내가 모든 사람 중에서 가장 낮고 가장 비천해진 것은 네가 나의 겸손으로 너의 교만을 이기게 하기 위해서이다.

티끌 같은 자여, 순종하기를 배워라. 흙이요 진흙 같은 자여, 자신을 낮추고 모든 사람의 발아래 엎드리는 법을 배워라. 너 자신의 뜻을 꺾고 온전히 굴복하는 법을 배워라.

3 너 자신에게 불같이 화를 내고, 네 안에 어떤 교만도 자리잡지 못하게 하라. 자신을 아주 작고 미천한 존재로 드러내어 모든 사람이 길거리의 흙처럼 너를 밟고 지나갈 수 있게 하라.

헛된 사람아, 네가 불평할 것이 어디 있느냐? 더러운 죄인아, 시도 때도 없이 하나님께 범죄하고 수도 없이 지옥에 떨어져 마땅한 네가 너를 욕하는 자들에게 뭐라고 답할 수 있겠느냐?

@도성윤

내가 모든 사람 중에서 가장 낮고 가장 비천해진 것은
네가 나의 겸손으로 너의 교만을 이기게 하기 위해서이다

그러나 네 영혼이 나의 눈에 귀했기에 내 눈이 너를 아꼈으니, 이는 네가 나의 사랑을 알고 나의 은혜에 늘 감사할 수 있게 하기 위해서이다. 또한 네가 계속해서 참된 순종과 겸손을 보이고 네게 쏟아지는 그 어떤 멸시도 인내하며 견디게 하기 위해서이다.

14 CHAPTER

선함을 자랑하지 않도록
하나님의 심판을 숙고할 의무

┌─1─┐ 제자의 말

오 주님, 벼락 치듯 심판을 제게 쏟으시고 두려움과 떨림으로
제 모든 뼈를 흔드시니 제 영혼이 너무도 두렵습니다. 저는 깜
짝 놀라 얼어붙은 채 생각합니다. "하늘이라도 그가 보시기에
부정하구나"(욥 15:15). 주님이 천사들에게서도 허물을 찾아
내시고(욥 4:18) 천사들이라도 아끼지 않으셨다면, 저는 어떻
게 되겠습니까? 별들이라도 하늘에서 떨어졌다면(계 8:10) 티
끌에 불과한 제가 무슨 생각을 할 수 있겠습니까?

칭찬할 만한 일을 한 자들이 가장 낮고 비참한 처지에 떨어
졌고, 제가 보니 천사의 떡을 먹던 자들이(시 78:25) 돼지 여물
에 기뻐합니다.

┌─2─┐ 그러므로 주님, 주님이 손을 거두시면 존엄이란 없습니다. 주님이 다스리지 않으시면 어떤 지혜도 소용없습니다. 주님이 저희를 지켜주지 않으시면 용기도 도움이 못 됩니다. 주님이 지켜주지 않으시면 정결함도 안전하지 않습니다. 주님의 거룩한 경계하심이 함께하지 않으면 저희의 그 어떤 보호도 소용없습니다.

주님이 저희를 버려두시면 저희는 가라앉고 멸망하겠지만, 저희를 찾아오시면 저희는 일으킴을 받고 되살아날 것입니다. 저희는 정말 우유부단하지만 주님을 통해 확고부동해집니다. 저희는 점점 차가워지지만 주님으로 인해 불붙습니다.

┌─3─┐ 저 자신을 얼마나 낮고 천하게 생각해야 하는지요! 제게서 조금이라도 선한 것을 보더라도 저 자신을 아무것도 아니게 여기는 것이 지극히 마땅하지 않은지요!

헤아릴 수 없는 주님의 심판에 제가 얼마나 겸손하게 복종해야 하는지요! 오 주님, 주님의 심판 앞에, 저는 그저 아무것도 아니며, 아무것도 아닐 뿐입니다!

[주님의 심판은] 그 무게를 측량할 수 없고, 도무지 건널 수 없는 바다입니다! [주님의 심판 앞에] 제가 전혀 아무것도 아니라는 것밖에 발견할 수 없습니다!

그러니 제가 무엇을 자랑하겠습니까? 나는 덕이 있다는 확신이 어디에 발을 붙이겠습니까? 제게 임하는 주님의 깊은 심판이 모든 헛된 자랑을 삼켜버립니다.

┌ 4 ┐ 주님의 눈에 모든 육체는 무엇입니까? 질그릇이 자기를 빚은 자에게 스스로 자랑할 수 있겠습니까? 자기 마음을 진정으로 하나님께 복종시킨 사람이 헛된 말로 우쭐댈 수 있겠습니까(사 29:16 ; 집회서 23:4,5)? 진리에 복종하는 자는 온 세상이 다 달려들어 흔들어도 우쭐대지 않습니다.

모든 소망을 하나님께 굳건히 두는 자는 누가 무슨 말로 칭찬해도 흔들리지 않습니다. 이런 말을 하는 자들도 하나같이 아무것도 아니며 그들의 말과 함께 사라지겠지만, 주님의 진리는 영원히 남을 것이기 때문입니다(시 117:2).

15 CHAPTER

무엇을 바라든
이렇게 말하고 기도하라

┌─1─┐ 사랑하는 주님의 말씀

내 아들아, 무슨 일에든 이렇게 말하여라.

"주님, 주님이 기뻐하시면 그렇게 되게 하소서(약 3장, 4:15). 주님, 이것이 주님께 영광이 된다면, 주님의 이름으로 이루어지게 하소서."

"주님, 주님이 이것을 좋게 보시고 제게 유익하다고 여기신 다면 제가 주님의 영광을 위해 사용할 수 있도록 이것을 제게 허락하소서. 그러나 주님이 아시기에 이것이 해가 되고 제 영혼의 건강에 아무런 유익이 되지 않는다면 이런 바람은 거두어 가소서."

사람에게 옳고 선하게 보이더라도, 모든 갈망이 다 성령에게서 온 것은 아니기 때문이다. 선한 영과 악한 영 중에서 어느 쪽이 너로 이런저런 것을 바라게 하는지, 또는 너 자신의 영이 그렇게 했는지 제대로 판단하기란 쉽지 않다. 많은 사람이 처음에는 선한 영의 인도를 받는 듯 보였으나 나중에 알고 보니 속은 것이었다.

2 그러니 마음에 어떤 바람직한 갈망이 일어나든 늘 하나님을 경외하고 겸손한 마음으로 바라며 기도해야 한다. 무엇보다 네 모든 문제를 내게 맡기며 자신을 내려놓고 이렇게 기도해야 한다.

"주님, 주님은 무엇이 저희에게 최선인지 아시오니 주님의 뜻대로 이렇게 또는 저렇게 되게 하소서."

"주님이 원하시는 것을, 주님이 원하시는 만큼, 주님이 원하시는 때에 주소서."

"주님이 선하다고 생각하시는 대로, 주님이 가장 기뻐하시는 대로, 주님에게 가장 영광스러운 방식으로 제게 행하소서."

"저를 주님이 원하신 곳에 두시고 모든 일에서 주님이 원하시는 그대로 제게 행하소서."

"저는 주님의 손에 있습니다. 주님이 기뻐하시는 쪽으로 저를 돌리시고 다시 돌리소서."

"보소서. 저는 주님의 종이며 무엇이든 할 준비가 되었습니다. 저를 위해 살지 않고 주님을 위해 살기를 바라기 때문입니다. 합당하게, 온전하게 그렇게 살 수 있다면!"

⌐ 3 ⌐ 하나님의 뜻이 이루어지기를 구하는 기도

더없이 자비로운 예수님, 주님의 은혜를 허락하시어 그 은혜가 저와 함께하고 저와 함께 일하며(지혜서 9:10) 마지막까지 저와 함께하게 하소서.

제가 주님이 가장 받으실 만하고 가장 기뻐하실 만한 것을 늘 바라고 뜻하게 하소서. 주님의 뜻이 제 뜻이 되고, 제 뜻이 언제나 주님의 뜻을 좇으며 주님의 뜻과 온전히 일치하게 하소서. 제가 원하는 것이나 원치 않는 것이 늘 주님이 원하시는 것이나 원하시지 않는 것과 일치하게 하소서.

또한 제가 주님이 원하시는 것만 원하고 주님이 원하시지 않는 것은 무엇이든 원치 않게 하소서.

[4] 제가 이 세상에 있는 모든 것에 대해 죽게 하시고, 주님을 위해 멸시받는 것과 이 세상에서 알려지지 않는 것을 사랑하게 하소서.

제가 주님 안에서 안식하며 마음의 평안을 얻는 것을 그 무엇보다 바라게 하소서. 주님은 진정한 마음의 평안이며 마음의 유일한 안식처이십니다. 주님을 떠나면 모든 것이 힘들고 불안합니다. 바로 이 평안 가운데, 영원한 최고선이신 주님 안에서 제가 잠들고 안식하겠습니다(시 4:8). 아멘.

마음에 어떤 바람직한 갈망이 일어나든

늘 하나님을 경외하고 겸손한 마음으로 바라며 기도해야 한다

16 CHAPTER

참된 위로는
오직 하나님에게서 찾아야 한다

[1] 내가 바라거나 상상할 수 있는 위로가 무엇이든, 그것을 나는 현세가 아니라 내세에서 찾노라. 설령 나 혼자 세상의 모든 위로를 얻고 그 모든 기쁨을 누리더라도(마 16:26) 오래가지 못할 것이 분명하기 때문이다.

그러므로 내 영혼아, 너는 가난한 자들의 위로자이며 비천한 자들의 보호자이신 하나님 외에는 어디서도 온전히 위로받을 수 없고(시 77:1,2) 완전히 회복될 수도 없다.

내 영혼아, 조금만 기다려라. 하나님이 약속하신 것을 기다려라. 그러면 네가 하늘에서 모든 좋은 것을 풍성히 누릴 것이다. 네가 현세의 것을 지나치게 바라면 하늘의 영원한 것을 잃을 것이다. 일시적인 것을 사용하고, 영원한 것을 바라라.

너는 일시적인 것을 누리도록 창조되지 않았기에 그 어떤 일시적인 것에도 만족할 수 없다.

2 설령 네가 좋은 피조물은 모두 소유하더라도 이것으로 행복하거나 복을 받을 수 없다. 네 모든 복과 행복은 만물을 창조하신 하나님 안에 있다(지혜서 2:23).

세상을 사랑하는 어리석은 자들은 이 복과 행복을 보고도 칭찬하지 않지만, 착하고 충성된 그리스도의 종들은 이것을 기다리고, 하늘의 시민권을 가진 영적이고 마음이 깨끗한 자들은 이것을 이따금 미리 맛본다(빌 3:20).

모든 인간의 위로는 헛되고 짧다. 진리가 주는 내적 위로는 복되고 참되다. 경건한 사람은 자신의 위로자이신 예수님과 어디나 동행하고 그분께 이렇게 말씀드린다.

"주 예수님, 언제 어디서나 저와 함께하소서."

"이것이 제게 위로가 되게 하시고, 사람의 위로를 전혀 받지 못하더라도 기쁘게 살아가게 하소서."

"비록 주님의 위로가 없더라도, 주님의 뜻과 의로운 시련이 제게 가장 큰 위로가 되게 하소서. 주님은 항상 진노하는 분이 아니며 영원히 위협하는 분도 아니시기 때문입니다"(시 103:9).

17 CHAPTER

모든 염려를
하나님께 맡겨야 한다

[1] 사랑하는 주님의 말씀

내 아들아, 내가 나의 뜻대로 네게 행하도록 두어라. 나는 무엇이 네게 가장 좋은지 안다. 너는 인간의 견지에서 생각하고, 많은 일에서 인간의 감정을 따라 판단한다.

제자의 말

주님, 주님의 말씀이 참됩니다. 저를 향한 주님의 염려가 저를 향한 제 모든 염려보다 큽니다(마 6:30 ; 요 6장). 모든 염려를 주님께 맡기지 않는 자는 서 있어도 심하게 비틀거립니다.

주님, 주님을 향한 저의 뜻이 바르고 견고하다면 무엇이든 주님이 기뻐하시는 대로 제게 행하십시오. 주님이 행하시는 일은 무엇이든 선할 수밖에 없기 때문입니다.

2 제가 어둠 속에 있는 것이 주님의 뜻이라도 주님을 찬양합니다. 제가 빛 가운데 있는 것이 주님의 뜻이라도 다시 주님을 찬양합니다. 주님이 저를 위로하시더라도 주님을 찬양합니다. 제가 고통당하는 것이 주님의 뜻이라도 여전히 똑같이 주님을 찬양합니다.

사랑하는 주님의 말씀

내 아들아, 네가 나와 동행하기를 원한다면 이런 태도를 가져야 한다. 너는 기뻐할 준비를 하듯 고난받을 준비도 해야 한다. 너는 풍성하고 부유할 때 기뻐하듯 궁핍하고 가난할 때도 기뻐해야 한다.

3 제자의 말

주님, 주님이 허락하시면 무슨 일이 닥치더라도 주님을 위해 기쁘게 감당하겠습니다(욥 2:10). 주님의 손에서 오는 것이라면 좋은 것이든 나쁜 것이든, 달콤한 것이든 쓴 것이든, 기쁜 것이든 슬픈 것이든 가리지 않고 받겠습니다. 제게 닥치는 모든 일에 감사하겠습니다.

저를 모든 죄에서 지켜주소서. 그러면 제가 죽음도 지옥도 두려워하지 않을 것입니다(시 23:4). 주님이 저를 영원히 버리지 않고 생명책에서 지우지 않으신다면 어떤 환난이 닥쳐와도 저를 해치지 못할 것입니다.

18 CHAPTER

그리스도를 본받아
잠시의 고난을 인내해야 한다

[1] 사랑하는 주님의 말씀

내 아들아, 나는 너를 구원하려고 하늘에서 내려왔다(요 3:13). 내가 너의 고통을 짊어졌다(사 53:4). 어쩔 수 없어서가 아니라 너를 사랑하기 때문이었다. 네가 인내를 배우고 잠시 당하는 고난을 불평 없이 견딜 수 있게 하기 위해서였다.

내가 태어날 때부터(눅 2:7) 십자가에서 죽을 때까지 슬픔이 내 곁을 떠나지 않았다. 나는 현세적인 것이 크게 부족했고, 나에게 쏟아지는 많은 불평을 자주 들었으며, 치욕과 욕설을 온유하게 견뎌냈다. 은혜를 베풀었으나 배은망덕으로 돌아왔고, 이적을 베풀었으나 하나님을 모독했다는 모함을 받았으며, [하늘의] 가르침을 전했으나 비난받았다.

네가 나와 동행하기를 원한다면
너는 풍성하고 부유할 때 기뻐하듯
궁핍하고 가난할 때도 기뻐해야 한다

주님, 주님은 평생 인내하시고, 이로써 아버지의 뜻을 아주 충실하게 행하셨습니다(요 5:30). 그러므로 저같이 가장 비참한 죄인도 주님의 뜻을 따라 인내해야 하고, 제가 그렇게 하도록 주님이 택하셨다면 제 영혼의 안녕을 위해 부패한 인생의 짐을 져야 합니다.

비록 이생의 삶이 힘겹지만 이제 주님의 은혜로 매우 유익해졌으며, 주님의 본과 믿음의 선조들이 남긴 발자취 덕분에 연약한 자에게 더 분명하고 견딜 만해졌기 때문입니다.

하늘의 문이 닫혀 있던 옛 율법 시대보다 지금 위로가 훨씬 넘칩니다. 하늘나라를 구하는 사람이 아주 적었을 때는 하늘에 이르는 길도 더 모호해 보였습니다(마 7:14).

더욱이 주님이 고난받고 거룩한 죽음으로 저희의 빚을 청산하시기 전에는, 의로워서 구원받을 자들이라도 하늘나라에 들어갈 수 없었습니다.

3 주님이 저와 모든 신실한 자에게 주님의 영원한 나라에 들어가는 선하고 바른길을 보여주겠다고 하셨으니, 제가 주님께 얼마나 크게 감사해야 할지요! 주님의 삶이 저희의 길이며, 저희는 거룩한 인내로써 저희의 면류관이신 주님을 향해

나아가기 때문입니다.

주님이 앞서가서 저희를 가르치지 않으셨다면 누가 그 길을 따르려 할까요! 주님이 보이신 더없이 고귀한 본을 생각하지 않았다면 얼마나 많은 사람이 멀리 뒤처져 있을지요!

보소서. 저희는 주님의 이적과 가르침을 많이 들었지만 여전히 냉랭합니다. 저희를 이끄는 더없이 큰 빛(요 12:46)이 없었다면 저희가 어떻게 되었겠습니까!

19 CHAPTER

모욕을 참음과
참된 인내의 증거

내 아들아, 네가 무슨 말을 하느냐? 나의 수난과 성도들의 고난을 생각하며 불평을 그쳐라. 너는 아직 피 흘리기까지 대항하지 않았다(히 12:4).

네가 겪는 고난은 아주 많은 고난을 당한 사람들이나 아주 큰 유혹을 받은 사람들, 아주 큰 고통과 괴로움을 당한 사람들, 온갖 방법으로 시험받은 사람들에 비하면 아주 작은 것이다(히 11:37). 그러므로 너는 다른 사람들이 겪은 더 무거운 고난을 떠올려야 한다. 그러면 너의 아주 작은 어려움을 더 쉽게 견딜 수 있을 것이다.

네가 겪는 어려움이 네게 아주 작아 보이지 않는다면 너의 조급함 때문이 아닌지 살펴보라. 그러나 네가 겪는 어려움이 작든 크든 간에 인내하며 견디려고 노력하라.

[2] 고난에 잘 대처할수록 더욱 지혜롭게 행하는 것이며, 더욱 큰 상을 받을 것이다. 마음으로나 습관으로나 고난에 대처할 준비를 부지런히 하면 더 쉽게 견뎌낼 것이다.

"나는 저런 인간에게 이런 고통 당하는 걸 참을 수 없고, 이런 일을 당해서도 안 돼! 저 사람이 내게 큰 잘못을 했고, 내가 생각지도 못한 일로 누명을 씌웠어! 하지만 다른 사람에게 받거나 내가 마땅히 당해야 할 다른 고통이라면 기꺼이 당하겠어!"라고 말하지 마라.

참 어리석은 생각이다. 이런 생각은 인내의 덕을 고려하지 않고, 인내하는 자에게 누가 면류관을 씌워줄지도 생각하지 않으며, 그저 사람들과 그들의 잘못만 꼬치꼬치 따질 뿐이다.

[3] 자신이 좋게 생각하는 만큼만, 자신이 좋아하는 사람에게서만 고난받으려는 사람은 진정으로 인내하는 사람이 아니다. 진정으로 인내하는 사람은 자신의 고통이 누구에게서 비롯되는지, 윗사람이든 동료든 아랫사람이든, 선하고 거룩한 사람이든 뒤틀리고 자격 없는 사람이든 상관하지 않는다.

그는 자신에게 얼마나 많은 고통이, 얼마나 자주, 어느 피조물에게서 닥치든지, 이 모두를 하나님의 손에서 비롯된 것으로 여기고 감사하며 큰 유익으로 여긴다. 하나님을 위해 당하는 고난이라면, 그것이 아무리 작더라도 결코 상을 잃지 않기 때문이다.

─ 4 ─ 그러므로 승리하고 싶다면, [늘] 싸울 채비를 갖춰라. 싸우지 않고는 인내의 면류관을 얻지 못한다(딤후 2:3-5).

고난받지 않으려 한다면 면류관을 거부하는 것이다. 면류관을 받으려면 담대하게 싸우고 참을성 있게 견뎌라. 수고하지 않으면 쉼도 없고, 싸우지 않으면 승리도 없다.

제자의 말

주님, 제게 본성적으로 불가능해 보이는 것을 주님의 은혜로 가능하게 하소서. 주님은 제가 아주 작은 고난밖에 견디지 못하며 아주 작은 역경에도 쉽게 쓰러진다는 것을 아십니다.

주님의 이름을 위해, 모든 시련이 제게 바람직한 것이 되게 하소서. 주님을 위해 고난과 어려움을 당하는 것이 제 영혼에 매우 유익하기 때문입니다.

20 CHAPTER

자신의 허물을 고백함과
이생의 불행에 관하여

〔 1 〕 제자의 말

오 주님, 저의 불의를 자백하며(시 32:5) 저의 연약함을 고백합니다. 저는 자주 작은 일에 슬퍼하고 괴로워합니다. 용기 있게 행동하겠다고 다짐하지만, 작은 시험이라도 닥치면 이내 큰 곤경에 빠집니다.

　때로는 아주 사소한 일에서 큰 유혹이 일어납니다. 그런대로 안전하다고 생각할 때, 제가 전혀 예상치 못한 순간에, 이따금 산들바람에도 거의 완전히 휘둘립니다.

〔 2 〕 그러니 주님, 저의 비천함(시 25:18)을 보소서. 주님이 속속들이 다 아시는 저의 연약함을 보소서. 제가 수렁에 빠져

(시 69:14) 옴짝달싹 못 하고 영원히 버려져 있지 않도록 제게 자비를 베풀어 건져주소서.

저는 쉽게 넘어지고 정욕에 강하게 저항하지 못하여 주님 앞에서 자주 뒷걸음질하고 당혹해합니다. 제가 전혀 동의하지 않았는데도 정욕이 끊임없이 저를 공격해 괴롭히고 고통을 줍니다. 이렇게 날마다 싸우며 사는 것이 지긋지긋합니다.

혐오스러운 망상들이 마음에서 떠나기는커녕 늘 훨씬 쉽게 밀려드는 것을 보면서 저의 연약함을 다시금 확인합니다.

3 신실한 영혼들을 뜨겁게 사랑하시는 이스라엘의 전능하신 하나님! 주님의 종이 겪는 수고와 슬픔을 생각하시고, 그가 행하는 모든 일에서 그를 도우소서.

하늘의 용기로 제게 힘을 주시어, 영에 온전히 굴복하지 못한 옛사람, 곧 비참한 육신이 이겨 저를 주장하지 못하게 하소서. 저는 이 비참한 인생길에서 호흡이 붙어 있는 한 그에 맞서 싸워야 합니다.

이생의 삶이 왜 이렇습니까? 환난과 불행이 그칠 날 없고 사방에 덫과 원수가 우글댑니다! 환난이나 시험이 지나가면 또 다른 환난이나 시험이 닥칩니다. 첫 번째 싸움이 계속되는데도, 예상치 못한 싸움이 잇따라 일어납니다.

┌ 4 ┐ 이렇게 쓰디쓰고 숱한 재앙과 불행이 닥치는 삶을 어떻게 사랑할 수 있겠습니까? 너무나 많은 죽음과 질병을 낳는 이것을 어떻게 삶이라 부르겠습니까? 그런데도 사람들은 삶을 사랑하고 거기서 즐거움을 찾으려고 합니다. 세상은 거짓되고 헛되다는 비난을 자주 듣지만, 사람들은 육신의 정욕에 아주 강하게 지배받기에 세상을 쉽게 버리지 못합니다.

어떤 것들은 우리로 세상을 사랑하게 하고, 어떤 것들은 세상을 미워하게 합니다. 육신의 정욕, 안목의 정욕, 이생의 자랑은(요일 2:16) 세상을 사랑하게끔 하지만, 이런 것들에 곧바로 뒤따르는 고통과 불행은 세상을 미워하고 혐오하게 합니다.

┌ 5 ┐ 안타깝게도, 세상에 중독된 사람의 마음은 악한 쾌락을 좋아하는 습성의 지배를 받습니다. 이런 사람은 하나님의 감미로움과 덕이 주는 내면의 즐거움을 보거나 맛보지 못했기에 가시나무 아래 있는 것을 즐거움으로 여깁니다(욥 30:7).

그러나 세상을 완전히 멸시하고 거룩한 규범 아래에서 하나님을 위해 살려고 애쓰는 사람들은 진정으로 세상을 버리는 자들에게 약속된 하나님의 감미로움을 모르지 않습니다. 이들은 세상이 얼마나 지독하게 잘못하고 있으며, 여러 면에서 얼마나 속고 있는지 아주 분명하게 압니다.

고난받지 않으려 한다면 면류관을 거부하는 것이다
수고하지 않으면 쉼도 없고, 싸우지 않으면 승리도 없다

21 CHAPTER

모든 좋은 것과 선물을 얻기보다
하나님 안에서 안식하라

---

[1] 제자의 말

내 영혼아, 모든 일에서 무엇보다도 늘 주님 안에서 안식하라.
그분은 성도들의 영원한 안식처이시기 때문이다.

가장 아름답고 사랑스러우신 예수님, 제가 그 어떤 피조물보
다(롬 8:19-22), 건강과 아름다움보다, 모든 영광과 영예보다,
모든 능력과 존귀보다, 모든 지식과 통찰보다, 모든 부와 기
술보다, 모든 기쁨과 즐거움보다, 모든 명예와 칭찬보다, 모든
다정함과 위로보다, 모든 소망과 약속보다, 모든 상급과 갈망
보다 주님 안에서 안식을 얻게 하소서.
　주님이 저희에게 주실 수 있는 모든 은사와 선물보다, 사

람의 마음이 받을 수 있고 느낄 수 있는 모든 환희와 기쁨보다, 마지막으로, 나의 하나님이시여, 모든 천사와 천사장보다, 모든 천군(天軍)보다, 보이는 모든 것과 보이지 않는 모든 것보다, 주님이 아닌 모든 것보다 주님 안에서 안식을 얻게 하소서.

☐ 2 ☐ 주 나의 하나님, 주님은 모든 것보다 지극히 선하십니다. 주님 홀로 지극히 높고 강하며, 주님 홀로 지극히 충만하고 감미로우며 위로가 넘치십니다. 주님만이 홀로 지극히 아름답고 사랑스러우며, 고귀하고 영화로우십니다. 주님 안에 모든 선한 것이 함께 완벽하게 존재하고, 존재했으며, 존재할 것입니다.

그러므로 제가 주님을 보지 못하고 주님을 온전히 얻지 못한다면, 주님이 주님 외에 제게 무엇을 주시든, 주님에 관해 무엇을 계시하시든, 무엇을 약속하시든, 그것들은 너무 작고 불만족스럽습니다.

제 마음이 모든 선물과 피조물을 초월해 주님 안에서 안식하지 못한다면, 결코 진정으로 안식하지 못하고 온전히 만족할 수도 없습니다.

☐ 3 ☐ 제 영혼의 가장 사랑스러운 배우자이신 예수 그리스도시여, 주님은 가장 순결한 연인이며 모든 피조물의 주인이십니다. 제게 진정한 자유의 날개가 있다면 날아가 주님 안에 안식할 것입니다(시 55:6)!

나의 주 하나님, 주님의 지극한 아름다움을 마음으로 고요히 묵상하고 볼 날이 언제나 온전히 허락될지요! 제가 주님을 사랑하기에 모든 감각과 한계를 뛰어넘어, 모두가 알지 못하는 방식으로, 저 자신을 느끼지 않고 주님만을 느끼며 주님께 온전히 몰입할 날이 언제쯤일지요(단 10장)!

지금 저는 자주 한숨을 쉬며, 불행을 참으며 슬퍼합니다. 이 불행의 골짜기에 악한 일이 수없이 일어나 저를 자주 괴롭히고 슬프게 하며 구름으로 뒤덮고 흐트러뜨리고 유혹하며 옭아매기에, 제가 주님께 자유롭게 나아가지 못하고, 복된 영혼들을 위해 늘 준비된 달콤한 환영도 누리지 못합니다. 이 땅에서 저의 한숨과 제가 느끼는 다양한 외로움이 주님을 움직이게 하소서.

☐ 4 ☐ 영원한 영광의 빛이요 순례자의 위로이신 예수님, 주님과 함께할 때 제 입이 소리를 잃고 저의 침묵이 주님에게 말씀드립니다.

나의 주님, 얼마나 지체하다 오시렵니까? 가련하고 멸시받는 주님의 종인 저에게 오셔서 저의 기쁨이 되소서. 주님의 손을 내밀어 가련하고 불쌍한 자를 모든 고뇌에서 건져주소서.

오소서, 와주소서. 주님이 계시지 않으면 저는 하루도, 한시도 기쁘지 않습니다. 주님이 제 기쁨이며, 주님이 계시지 않으면 제 식탁이 텅 비기 때문입니다. 주님이 임재의 빛으로 저를 새롭게 하시고 제게 자유를 주시며 다정한 표정을 지어주실 때까지, 저는 족쇄를 찬 채 옥에 갇힌 가련한 피조물입니다.

┌─5─┐ 다른 사람들은 주님이 아니라 그들이 좋아하는 것을 구하게 두소서. 그러나 저는 나의 하나님, 나의 소망, 나의 영원한 구원이신 주님 외에 그 무엇도 기뻐하지 않으며, 앞으로도 그럴 것입니다. 주님의 은혜가 돌아올 때까지, 주님이 저의 내면에 말씀하실 때까지, 결코 침묵하지 않고 기도를 쉬지 않겠습니다.

사랑하는 주님의 말씀
보아라, 내가 여기 있다. 보아라, 네가 나를 부르고 또 불렀기에 내가 왔다. 네 눈물과 네 영혼의 갈망, 네 겸손과 네 마음의 통회가 나를 네게로 이끌었다.

제자의 말

주님, 제가 주님을 부르고 또 불렀으며, 주님을 위해 모든 것을 포기할 채비를 갖춘 채 주님을 즐거워하기를 갈망하고 또 갈망했습니다. 제가 주님을 찾도록 주님이 먼저 저를 휘저으셨습니다. 주님, 주님이 주님의 큰 긍휼을 따라 주님의 종에게 이러한 선을 보이셨으니 주님을 찬양합니다.

[6] 주님의 종이 주님 앞에서 무슨 말을 더하겠습니까? 자신의 허물과 죄악을 늘 기억하며 주님 앞에 자신을 낮추고 또 낮출 뿐입니다.

하늘과 땅의 모든 놀라운 것 중에 주님과 같은 존재는 없습니다(시 35:8). 주님의 행위는 매우 선하고, 주님의 판단은 참되며, 주님의 섭리가 온 우주를 다스립니다.

그러므로 하나님 아버지의 지혜이신 주님을 찬양하며 주님께 영광을 돌립니다. 나의 입술과 나의 영혼과 모든 피조물아, 함께 주님을 찬양하며 송축하라!

하나님이 베푸신 많은 은택을
기억함에 관하여

제자의 말

주님, 주님의 법으로 제 마음을 열고 저를 가르쳐 주님의 계명을 따라 살게 하여주소서(시 119편). 주님의 뜻을 깨닫게 하시고, 큰 경외심을 품고 주님이 베푸신 은택을, 특별한 은택뿐 아니라 일반적인 은택까지 부지런히 숙고하고 기억해 이제부터 주께 합당한 감사를 돌리게 하소서.

그러나 제가 알고 또 고백하건대, 저는 주님이 제게 베푸시는 은총에 합당한 감사를 손톱만큼도 주께 돌리지 못합니다. 저는 주님이 베푸시는 모든 은택 중 가장 작은 것조차 받을 자격이 없습니다. 주님의 고귀하고 너그러운 은혜를 생각할 때면 제 영혼이 아뜩합니다.

주님의 은혜가 돌아올 때까지,
주님이 저의 내면에 말씀하실 때까지,
결코 침묵하지 않고 기도를 쉬지 않겠습니다

2 저희는 몸과 영혼에 가진 모든 것, 저희가 밖으로나 안으로, 자연적으로나 초자연적으로 가진 모든 것이 다 주님의 은택이며, 모든 선한 것을 저희에게 주신 주님이 풍성하고 자비롭고 선하시다고 말합니다. 많이 받은 사람도 있고 적게 받은 사람도 있지만 모든 것이 주님의 것이며, 주님이 계시지 않으면 저희는 지극히 작은 복이라도 받을 수 없습니다.

많이 받은 사람이라도 자신의 공(功)으로 자랑해서는 안 되고, 자신을 남들보다 높여서도 안 되며, 적게 받은 사람을 멸시해서도 안 됩니다. 받은 것을 자신의 공으로 돌리지 않고 오히려 더없이 겸손하고 경건하게 감사하는 사람일수록 더 크고 더 나은 사람이기 때문입니다.

자신을 모든 사람 중에 가장 하찮고 무가치한 존재로 여기는 사람이야말로 더 큰 복을 받기에 가장 합당합니다.

3 적게 받은 사람은 많이 받아 부유한 사람을 시기하지 말아야 합니다. 오히려 마음이 주님을 향하게 하고, 주님의 선하심을 크게 찬양해야 합니다. 주님은 사람을 차별하지 않고 선물을 지극히 풍성하게, 아낌없이, 기꺼이 주시기 때문입니다. 모든 것이 주님에게서 나오며, 따라서 모든 일에서 주님이 찬양을 받으셔야 합니다.

주님은 각자에게 무엇이 적합한지 아십니다. 왜 이 사람은 적게 받고 저 사람은 많이 받는지는 저희가 판단할 문제가 아니라 무엇이 각자에게 적합한지 정확히 아시는 주님이 판단하실 문제입니다.

4 주 하나님, 저는 겉보기에, 사람들 생각에 자랑할 만하고 박수받을 만해 보이는 것을 많이 받지 못한 것을 큰 자비로 여깁니다. 그러니 자신이 가난하고 무가치하다고 생각하는 사람이라도 슬퍼하거나 낙심하지 말고 오히려 큰 위로를 얻고 기뻐해야 합니다. 하나님은 세상에서 가난한 자, 비천한 자, 멸시받는 자를 택해(고전 1:27) 주님의 가족과 식솔로 삼으셨기 때문입니다.

주님이 온 땅의 왕으로 삼으신 주님의 사도들이 바로 증인입니다(시 45:16). 그들은 세상에 살면서 불평하지 않았고(살전 2:10), 지극히 겸손하고 순수했고, 악의를 품거나 속이지도 않았으며 주님의 이름을 위해 능욕 받기를 오히려 기뻐했고(행 5:41), 세상이 멸시하는 것을 큰 사랑으로 끌어안았습니다.

5　그러므로 사람이 주님을 사랑하고 주님의 은택을 인정할 때는 자신을 향한 주님의 뜻과 주님의 영원한 약속이 주는 선한 즐거움을 그 무엇보다 기뻐해야 합니다. 그 안에서 그는 만족하고 위로를 얻어야 합니다. 이로 인해 그는 다른 사람들이 가장 큰 자가 되기를 바라듯이 자신은 가장 작은 자가 되려 할 것입니다.

그는 가장 높은 자리에 앉을 때만큼이나 가장 낮은 자리에 앉을 때도 평안하고 만족할 것입니다. 사람들 앞에서 존귀하게 되고, 세상에서 다른 사람들보다 커지기를 좋아하는 만큼이나, 기꺼이 아무 이름도 없고 내세울 것도 없이 멸시받는 자가 되려 합니다.

이런 사람에게는 주님의 뜻과 주님의 영광에 대한 사랑이 모든 것보다 우선되고, 그가 받았거나 받을 수 있을 모든 은택보다 더 기쁘기 때문입니다.

23 CHAPTER

큰 내적 평안을 주는
네 가지 길에 관하여

[1] 사랑하는 주님의 말씀

내 아들아, 이제 네게 평안과 참자유의 길을 가르쳐주겠다.

제자의 말

주여, 간청하오니 말씀하신 대로 하소서. 주님의 말씀을 듣는
것이 저의 큰 기쁨이기 때문입니다.

사랑하는 주님의 말씀

내 아들아, 너의 뜻이 아니라 다른 사람의 뜻을 행하려고 노력
하라(마 26:39 ; 요 5:30, 6:38). 언제나 많이 갖기보다는 적게 갖
는 쪽을 택하라(고전 10:24). 언제나 가장 낮은 자리를 구하고,

모든 사람보다 아래 있기를 구하라(눅 14:10). 네게서 하나님의 뜻이 온전히 이뤄지기를 늘 바라고 기도하라(마 6:10). 보아라. 이런 사람이 평안과 안식에 들어간다.

2 제자의 말

주님, 짧지만 완전함이 담긴 말씀입니다(마 5:48). 적은 말씀이지만 의미로 가득하며 열매가 풍성합니다. 제가 이 말씀을 성실히 지키면 그리 쉽게 곤경에 처하지 않을 것입니다. 이제 보니 저는 불안하고 혼란스러울 때마다 이 가르침에서 멀어져 있었습니다.

그러나 모든 것을 하실 수 있고 언제나 제 영혼의 유익을 사랑하시는 주님, 제게 주님의 은혜를 더해 제가 주님의 일을 완수하고 저 자신의 구원을 이루게 하소서.

3 악한 생각에서 벗어나기를 구하는 기도

주 나의 하나님, 저를 멀리하지 마소서(시 71:12). 나의 하나님, 온갖 악한 생각이 저를 맞서 떠오르고 큰 두려움이 제 영혼을 괴롭히고 있으니 속히 저를 도우소서.

어떻게 하면 제가 해를 받지 않고 이것들을 통과하겠습니까? 어떻게 하면 제가 이것들을 산산조각 내버리겠습니까?

주님이 말씀하십니다. "내가 네 앞에 가서 땅의 큰 자들을 낮추고, 감옥 문을 열며, 숨은 비밀을 네게 드러내리라"(사 14:2,3).

주님, 말씀대로 하시고, 주님 앞에서 제 모든 악한 생각이 달아나게 하소서. 모든 환난 가운데 주님께 피하고, 주님을 의지하며, 마음으로 주님을 부르고, 주님의 위로를 인내하며 기다리는 것이 저의 소망이요 유일한 위로입니다.

4 마음을 비춰주시기를 구하는 기도

자비로운 예수님, 선명하게 빛나는 내면의 빛으로 저를 비추어 제 속에 거하는 모든 어둠을 몰아내어주소서. 방황하는 저의 수많은 생각을 누르시고, 저를 거칠게 공격하는 유혹들을 물리쳐주소서.

저를 위해 맹렬히 싸우시며, 악한 짐승들, 곧 유혹하는 육신의 정욕을 거꾸러뜨려 주님의 능력으로 제게 평안이 임하고 주님을 노래하는 우렁찬 찬양이 주님의 거룩한 궁정, 곧 순전한 양심에 울려 퍼지게 하소서.

바람과 폭풍에 명하소서. 바다를 향해 "잠잠하라!" 하소서 (마 8:26). 북풍을 향해 "그치라!" 하소서. 그러면 아주 고요해질 것입니다.

┌ 5 ┐ 주님의 빛과 진리를 보내어(시 43:3) 땅을 비추게 하소서. 주님이 저를 비추실 때까지 저는 형체가 없고 공허한 땅에 지나지 않습니다. 주님의 은혜를 위에서 부어 하늘의 이슬로 제 마음을 채우고, 헌신의 새 물결을 공급해 땅에 물을 주어서 땅이 선하고 빼어난 열매를 맺게 하소서.

죄 짐에 억눌린 제 마음을 일으키고 제 모든 갈망이 하늘의 것을 향하게 하시어 하나님이 주시는 달콤한 행복을 맛봄으로써 세상 것들은 생각하기조차 싫어하게 하소서.

┌ 6 ┐ 피조물이 주는 모든 덧없는 위로에서 저를 잡아 빼소서. 어떤 피조물도 제 마음에 온전한 위로와 안식을 주지 못하기 때문입니다.

끊을 수 없는 사랑의 띠로 저를 주님에게 잡아매소서. 주님은 주님 한 분만으로도 주님을 사랑하는 자를 만족시키며, 주님이 없으면 모든 것이 헛되고 하찮기 때문입니다.

언제나 많이 갖기보다 적게 갖는 쪽을 택하라
네 뜻이 아니라 다른 사람의 뜻을 행하려고 노력하라
언제나 가장 낮은 자리, 모든 사람보다 아래 있기를 구하라
네게서 하나님의 뜻이 온전히 이뤄지기를 늘 바라고 기도하라

24 CHAPTER

다른 사람들의 삶에
참견하기를 피해야 한다

┌ 1 ┐ 사랑하는 주님의 말씀

내 아들아, 호기심을 품지 말고 쓸데없는 관심으로 사서 고민하지 말라(딤전 5:13). 이런저런 일들이 너와 무슨 상관이 있느냐? 너는 나를 따르라(요 21:22).

저 사람이 이러저러하고 이 사람이 이러저러하게 말한들 너와 무슨 상관이 있느냐? 너는 다른 사람들을 위해 대답할 필요가 없고 너 자신을 위해서는 설명해야 한다(갈 6:4,5). 그런데 왜 자신을 옭아매느냐?

보아라. 나는 모든 사람을 알고, 해 아래 일어나는 모든 일을 본다. 나는 모든 사람이 어떠한지, 무슨 생각을 하는지, 무엇을 바라는지, 무엇에 유념하는지 안다.

그러므로 너는 모든 것을 내게 맡기고 잠잠히 침묵하며, 요란한 자들은 요란하게 두어라. 그들은 나를 속일 수 없으니 그들의 행동이나 말은 모두 그들 자신에게 되돌아갈 것이다.

2 이름난 사람의 그늘에 들어가려 하거나 많은 사람과 친근해지려 하거나 사사로운 애정을 얻으려 애쓰지 말라. 이것들은 마음을 흐트러뜨리고 매우 어둡게 하기 때문이다.

내가 오는지 부지런히 살피고 내게 마음의 문을 열면 내가 흔쾌히 네게 말하고 나의 비밀을 보이리라. 너는 주의하고 깨어 기도하며, 모든 일에서 자신을 낮춰라.

25 CHAPTER

마음의 견고한 평안과
참된 영적 진보가 있는 곳

[1] 사랑하는 주님의 말씀

내 아들아, 내가 이렇게 말했다. "평안을 너희에게 끼치노니 곧 나의 평안을 너희에게 주노라 내가 너희에게 주는 것은 세상이 주는 것과 같지 아니하니라"(요 14:27). 모든 사람이 평안을 바라지만, 진정한 평안과 관련된 것들에 모두가 관심을 두는 것은 아니다. 나의 평안은 겸손하고 온유한 마음과 함께하며, 너의 평안은 많은 인내에 있을 것이다. 네가 나의 음성을 듣고 나를 따르면 큰 평안을 누릴 수 있을 것이다.

제자의 말

주님, 그러면 제가 어떻게 해야 합니까?

사랑하는 주님의 말씀

무엇을 하든 무슨 말을 하든 매사에 너 자신에 주목하라. 온전히 여기에 집중해 오직 나만 기쁘게 하고 나 외에 그 무엇도 바라거나 구하지 않게 하라.

다른 사람들의 말이나 행동을 절대 성급하게 판단하지 말고, 네게 맡겨지지 않은 일에 말려들지 말라. 그러면 거의 또는 여간해서는 마음이 흐트러지지 않을 것이다.

[2] 그러나 전혀 슬픔을 느끼지 않고 몸이나 마음이 아무 고통도 겪지 않는 것은 현세가 아니라 영원한 안식에 속한 것이다. 그러니 네가 아무 부담도 느끼지 않는다고 해서 참 평안을 찾았다고 생각하지 말고, 아무 역경도 겪지 않는다고 해서 만사가 형통하다고 생각하지도 말라. '완전함'이란 모든 일이 네 바람대로 되는 것이라고 생각하지 말라.

네가 크게 헌신하며 행복하다고 해서 너를 높이 평가하거나 특별히 사랑받는다고 생각하지 말라. 진정으로 덕을 사랑하는 사람인지는 이런 것들로 아는 것이 아니며, 한 사람의 진보와 온전함도 이것들에 있지 않기 때문이다.

제자의 말

주님, 그러면 어디에 있습니까?

사랑하는 주님의 말씀

큰일에서든 작은 일에서든, 현세의 일에서든 영원한 일에서든, 온 마음을 다해 자신을 하나님의 뜻에 맡기고 자기 유익을 구하지 않는 데 있다.

그러므로 너는 형통할 때나 고난당할 때나 한결같이 감사하고 모든 것을 공정하게 달아보아야 한다. 용기를 품고 소망 가운데 인내하라. 그러면 내면의 위로가 떠나갔을 때, 더 큰 일을 견뎌낼 마음을 준비할 수 있을 것이다.

나는 이런 고난을 겪어서는 안 된다는 듯이, 또는 그처럼 큰 고난을 겪어서는 안 된다는 듯이 자신을 정당화하지 말고, 내가 정하는 모든 일에서 나를 인정하고 나의 거룩한 이름을 찬양하라. 그러면 네가 참되고 바른길을 걸으며 내 얼굴을 다시 보고 크게 기뻐하리라는 확실한 소망을 갖게 될 것이다.

네가 자신을 온전히 멸시하는 데 이르면 나그네로서 누릴 수 있는 가장 크고 풍성한 평안을 누리게 될 것을 알라.

26 CHAPTER

자유로운 마음의 탁월함은
겸손한 기도로 얻는다

[1] 제자의 말

주님, 온전한 사람은 하늘의 것을 깊이 생각하기를 결코 쉬지 않고, 걱정거리가 많아도 걱정하지 않고 헤쳐나갑니다. 감정이 모두 메말라서가 아니라 마음이 자유로워서 그 어떤 피조물에도 지나치게 애착하지 않기 때문입니다.

[2] 지극히 자비로우신 나의 하나님, 간구하오니 저를 세상 염려로부터 지켜주셔서 거기 얽매이지 않게 하시고, 육신의 많은 필요에서 지켜주셔서 쾌락에 사로잡히지 않게 하시며, 영혼에 장애가 되는 모든 것에서 지켜주셔서 제가 이런 장애물에 찢기고 압도당하지 않게 하소서.

제가 말하는 것은 세상 허영이 아주 간곡히 탐내는 것들이 아니라 형벌이나 죽음이라는 공통된 저주처럼(창 3:17 ; 롬 7:11) 주의 종의 영혼을 짓누르고 방해하여, 그 영혼이 마땅한 만큼 자주 자유에 이르지 못하게 하는 비참한 것들입니다.

3 말할 수 없이 달콤한 나의 하나님, 육신의 모든 위로가 제게 쓰디쓰게 하소서. 육신의 위로는 영원한 것을 향한 사랑에서 저를 멀어지게 하고, 지금 즐겁고 좋은 것을 제 앞에 내놓고 악한 방법으로 저를 꾀기 때문입니다.

주님, 지지 않게 하소서. 혈과 육에 지지 않게 하소서(롬 12:21). 세상과 세상의 짧은 영광에 속지 않게 하소서. 마귀와 그의 교묘한 술수에 밀려나지 않게 하소서.

제게 저항할 힘과 견딜 인내와 버텨낼 끈기를 주소서. 제게 세상 모든 위로를 주시는 대신, 지극히 향기로운 주님의 성령으로 기름 부으시고, 육신적 사랑 대신 주님의 이름을 사랑하는 마음을 주소서.

4 보소서! 먹을 것, 마실 것, 입을 것을 비롯해 육신에 필요한 것들이 열정적인 영혼에는 거추장스럽습니다. 제가 이것들을 절제하며 사용하게 하시고, 지나치게 바라다가 여기

얽매이지 않게 하소서.

육신을 보전해야 하므로 이 모두를 다 버리는 것은 옳지 않으나, 거룩한 율법은 사치품과 그저 쾌락을 위한 것들 구하는 것을 금합니다. 이것들을 구한다면 육신이 영혼을 거스르는 것입니다. 그러므로 구하오니, 주님의 손으로 저를 다스리고 가르쳐 제가 적정선을 넘지 않게 하소서.

나의 평안은 겸손하고 온유한 마음과 함께하며,

너의 평안은 많은 인내에 있을 것이다

27 CHAPTER

가장 귀한 보화를 얻는 데
가장 큰 걸림돌은 자기 사랑이다

사랑하는 주님의 말씀

내 아들아, 모든 것을 얻으려거든 모든 것을 내어주고 아무것도 네 것으로 남겨두지 말아야 한다.

너 자신에 대한 사랑이 세상 그 무엇보다 네게 가장 해롭다는 것을 명심하라. 네가 뭔가를 사랑하고 애착하는 만큼 그것이 네게 들러붙는다. 너의 사랑이 순수하고(마 6:22) 단순하며 정연하다면 너는 그 무엇에도 매이지 않을 것이다.

네가 갖지 말아야 하는 것을 탐하지 말라. 네게 방해될 만하고 네게서 내면의 자유를 빼앗을 법한 것을 탐하지 말라. 네가 갖거나 바랄 수 있는 것을 다 가졌는데도 마음 깊은 데서부터 내게 온전히 헌신하지 않는 것이 이상하구나.

┌ 2 ┐ 왜 너는 헛된 슬픔으로 여위어 가느냐(출 18:18 ; 미 4:9)? 왜 쓸데없는 걱정으로 스스로 지치게 하느냐? 나의 선한 즐거움을 받아들여라. 그러면 너는 조금도 손상을 입지 않을 것이다.

네가 이것저것을 구하고 여기저기 있으려 하며 너 자신의 유익과 즐거움을 좇는다면 결코 안식도 얻지 못하고 마음의 근심도 털어버리지 못할 것이다. 어떤 상황이든 부족한 것이 있으며, 어디든 너를 반대하는 사람이 있기 때문이다.

그러므로 행복은 그 어떤 외적인 것을 얻고 쌓아두는 것이 아니라 오히려 그것을 멸시하고 마음에서 완전히 뿌리 뽑는 데 있다. 이것은 단지 소득과 부(富)만이 아니라 명예를 구하고 공허한 칭찬을 바라는 것과도 연결해 이해해야 하는데, 양쪽 다 이 세상과 함께 사라진다.

열정적인 영혼이 없으면 지위도 별 소용없고 밖으로부터 구하는 평안도 오래가지 못할 것이다(사 41:13). 네 마음이 진정한 기초에 서 있지 않으면, 즉 네가 내 안에 견고히 서 있지 않으면, 너는 변하더라도 나아지지 못할 것이다. 기회가 생겨 그것을 잡더라도, 네가 전에 피했던 것이나 그보다 더한 것을 만날 것이기 때문이다.

깨끗한 마음과 하늘의 지혜를 구하는 기도

하나님, 성령의 은혜로 제게 힘을 주소서(시 2:12). 속사람에게 힘을 주시고(엡 3:16), 모든 쓸데없는 염려와 고뇌를 마음에서 몰아내소서(마 6:34). 천한 것에든 귀한 것에든 갖가지 욕망에 끌려다니지 않게 하시고, 모든 것을 지나가는 것으로 보며 저 자신도 함께 지나가는 것으로 보게 하소서.

해 아래 영원한 것은 없으며, 모든 것이 헛되고 영혼에 고통을 주기 때문입니다(전 1:14, 2:1). 이것을 깊이 생각하는 사람은 얼마나 지혜로운지요!

4 주님, 제게 하늘의 지혜를 주셔서(지혜서 9:4) 제가 무엇보다 주님을 구하고 찾으며, 무엇보다 주님을 즐거워하고 사랑하며, 다른 모든 것을 주님의 지혜를 따라서 있는 그대로 알게 하소서. 아첨하는 자를 신중히 피하게 하시고, 반대하는 자를 인내하며 감당하게 하소서. 이런저런 말에 휘둘리지 않고(엡 4:14) 재잘대며 유혹하는 악한 목소리에 귀 기울이지 않는 것이 큰 지혜이기 때문입니다. 이로써 저희는 이미 시작한 길을 안전하게 계속 갈 것입니다.

28 CHAPTER

비방하고 헐뜯는
사람들을 대할 때

[1] 사랑하는 주님의 말씀

내 아들아, 누가 너를 좋지 않게 생각하고(고전 4:13) 듣기 싫은 말을 하더라도 그것을 마음에 두지 말라. 너는 너 자신을 가장 악한 자로 여기고, 그 누구도 너 자신보다 연약하다고 생각하지 말아야 한다.

네가 영적으로 산다면 떠도는 말을 대수롭지 않게 여길 것이다. 악한 때에 침묵하고, 내면은 나를 향하며, 사람들의 판단에 괴로워하지 않는 것은 결코 작은 지혜가 아니다.

[2] 너의 평안함이 사람들의 혀에 좌우되지 않게 하라. 사람들이 너를 좋게 말하든 나쁘게 말하든, 그 때문에 네가 다른

그리스도를 본받아 3

사람인 것은 아니기 때문이다.

진정한 평안과 진정한 영광이 어디 있느냐? 내 안에 있지 않으냐(요 16:33)? 사람을 기쁘게 하려 하지도 않고 사람을 불쾌하게 하는 것을 두려워하지 않는 사람은 큰 평안을 누릴 것이다. 마음의 모든 불안과 혼란이 무절제한 사랑과 헛된 두려움에서 비롯된다.

왜 너는 헛된 슬픔으로 여위어 가느냐?
너의 평안함이 사람들의 혀에 좌우되지 않게 하라

환난이 닥칠 때
하나님을 부르고 송축하라

---

1 제자의 말

주님, 주님의 이름이 영원히 찬양받으시기를 원합니다(욥 1:21 ; 시 113:2). 이 시험과 환난을 만난 것이 주님의 기쁜 뜻이기 때문입니다. 저는 이 시험과 환난을 피할 수 없으나 오직 주님에게 피할 수 있으니, 저를 도우사 이 시험과 환난이 제게 유익하게 하소서.

주님, 저는 지금 고통 가운데 있고, 마음이 좋지 못하며, 지금 당하는 고난 때문에 너무 괴롭습니다. 사랑하는 아버지, 제가 무슨 말을 하겠습니까(마 26장 ; 요 12:27)? 저는 역경 가운데 갇혔으니, 저를 이 시간으로부터 구원하소서.

그러나 이 시간이 제게 닥친 것은 제가 크게 낮아지고 주님의 손에 구원받을 때 주님이 영광을 받으시기 위해서입니다.

주님, 저는 가련하고 비천한 자이오니 저를 구원하는 일이 주님의 기쁨이 되게 하소서(시 37:40). 주님이 계시지 않으면 제가 무엇을 할 수 있으며 어디로 가겠습니까?

주님, 이 긴급한 상황에서도 제게 인내를 허락하소서. 나의 하나님, 저를 도우소서. 그러면 제가 아무리 심한 고통 중에라도 두려워하지 않을 것입니다.

2 제가 이런 고난 중에 무슨 말을 하겠습니까? 주님, 주님의 뜻을 이루소서(마 6:10). 저는 고통과 슬픔을 당해 마땅합니다. 저는 이것을 겪어 마땅합니다. 폭풍이 지나가고 고요해질 때까지, 제가 인내로 견딜 수 있기를 원합니다!

그러나 제가 이 시험에 완전히 가라앉지 않도록 주님은 전능한 손으로 이 시험을 제게서 가져가시거나 그 맹렬함이 덜하게 하실 수 있습니다. 자비로운 나의 하나님, 지금껏 제게 자주 하셨듯이 지금도 그렇게 하실 수 있습니다. 저의 상황이 힘들수록 지존자의 오른손이 그 상황을 바꾸기 쉽습니다.

30 CHAPTER

하나님의 도움을 구하고
회복의 은혜를 확신함에 관하여

┌─┐
│ 1 │ 사랑하는 주님의 말씀
└─┘

내 아들아, 나는 환난 날에 힘을 주는 주님이다(나 1:7). 힘들 때 내게 오너라(마 11:28).

하늘의 위로를 가로막는 가장 큰 장애물은 네가 기도를 너무 지체한다는 점이다. 너는 먼저 많은 위로를 구하고 외적인 것을 기뻐하며, 그런 후에야 내게 간절히 기도한다.

나는 나를 의지하는 자의 구원이며, 나 외에는 강력한 도움도, 유익한 조언도, 지속적인 치료책도 없다. 네가 이것을 깨달을 때까지는 그 무엇도 네게 유익하지 못하다.

그러나 이제 폭풍이 지나갔으니 숨을 고르고 내 자비의 빛에서 다시 힘을 얻어라. "내가 네 곁에 있어 모든 것을 회복하되 완전히 회복할 뿐 아니라 차고 넘치게 회복하리라"라고 내가 말하기 때문이다.

2 내게 어려운 일이 있겠느냐? 내가 약속만 하고 지키지 못하는 자와 같으냐(마 23:25)? 네 믿음이 어디 있느냐? 굳게 서서 버텨라. 용기를 내고 인내하라. 때가 되면 네게 위로가 찾아올 것이다. 나를 기다리고 또 기다려라. 내가 가서 너를 치료하리라.

유혹이 너를 흔들고 헛된 두려움이 너를 괴롭힌다. 장래 일을 염려한들 슬픔에 슬픔이 더할 뿐, 네게 무엇이 돌아가겠느냐? "한 날의 괴로움은 그날로 족하니라"(마 6:34). 어쩌면 절대 일어나지 않을 장래 일 때문에 불안해하거나 기뻐하는 것은 헛되고 무익하다.

3 그러나 이런 상상에 속는 것이 인간의 본성이며, 원수의 제안에 쉽게 넘어가는 것은 여전히 마음이 약하다는 표시이다. 원수는 어떻게든 너를 미혹하고 속이려 한다. 그래서 자기 제안이 참인지 거짓인지 상관하지 않고, 현세에 대한 사랑으로든 장래 일에 대한 두려움으로든 어떻게든지 너를 쓰러 뜨리려고 한다.

그러므로 너는 마음에 근심하지 말고 두려워하지도 말라. 나를 믿고 나의 자비를 확신하라(시 91:1).

네가 나에게서 아주 멀어졌다고 생각하지만 내가 바로 네 곁에 있을 때가 많다. 네가 거의 다 잃었다고 판단하지만 가장 큰 상급이 가까이 있을 때가 많다. 어떤 일이 정반대로 흐르더라도 전부 다 잃은 것이 아니다. 현재의 느낌을 따라 판단해서는 안 된다. 슬픔이 찾아올 때마다 마치 회복의 소망이 모두 사라졌다는 듯이 슬퍼하거나 거기에 자신을 내맡기지 말라.

4 천국을 향해 가는 동안, 네가 완전히 버림받았다고 생각하지 말라. 네가 역경을 겪는 것은 모든 일이 네 뜻대로 되는 것보다 네게도, 나의 나머지 종들에게도 더 유익하며, 이것은 의심할 여지가 없다.

나는 네 마음의 숨은 생각을 안다. 네가 때로 영적 감미로움을 맛보지 못하고 메마른 상황에 처하는 것이 네 행복에 매우 유익하다는 것도 안다. 그러지 않으면 네가 형통할 때 우쭐대며, 실제 자신이 아닌 자신을 기뻐할 것이다. 나는 내가 준 것을 다시 취할 수 있고, 내가 원할 때 되돌려 줄 수도 있다.

5 내가 주더라도 그것은 여전히 내 것이며, 다시 취하더라도 네 것을 가져가는 것이 아니다. 온갖 좋은 은사와 온전한 선물은 모두 내 것이기 때문이다(약 1:17).

내가 네게 역경이나 어떤 십자가를 주더라도 슬퍼하거나 낙심하지 말라. 내가 곧 너를 도울 수 있고, 네 모든 짐을 기쁨으로 바꿀 수 있다. 너를 이렇게 대할 때라도 나는 의로우며 크게 찬양받아 마땅하다.

6 네가 지혜로워 이것을 바르게 생각한다면 네게 어떤 역경이 닥쳐도 결코 깊이 낙심하며 한탄하지 않고 오히려 기뻐하며 감사할 것이다. 그렇다. 내가 네게 슬픔을 안기고 너를 아끼지 않은 것을 너는 특별히 기쁘게 여길 것이다.

나는 사랑하는 제자들에게 "아버지께서 나를 사랑하신 것 같이 나도 너희를 사랑하였으니"라고 했다(요 15:9). 내가 이들을 보낸 것은 일시적 즐거움을 누리게 하려 함이 아니라 큰 싸움을 하게 하기 위해서였고, 영예가 아니라 멸시를 받게 하기 위해서였다. 또한 게으르게 살게 하기 위해서가 아니라 수고하며 일하게 하기 위해서였고, 쉼을 누리게 하기 위해서가 아니라 인내로 많은 열매를 맺게 하기 위해서였다. 내 아들아, 이 말을 명심해라.

하늘의 위로를 가로막는 가장 큰 장애물은
네가 기도를 너무 지체한다는 점이다

31 CHAPTER

창조자를 찾기 위해
모든 피조물을 멸시함에 관하여

☐ 1 ☐ 제자의 말

주님, 제가 사람이나 그 어떤 피조물에도 방해받지 않는 지경에 이르러야 한다면 여전히 더 큰 은혜가 절실히 필요합니다. 무엇이든 저를 붙든다면 저는 주님에게 자유롭게 날아갈 수 없기 때문입니다.

주님에게 자유롭게 날아가기 원했던 사람이 이렇게 말했습니다. "만일 내게 비둘기같이 날개가 있다면 날아가서 편히 쉬리로다"(시 55:6).

무엇이 순전한 눈보다 평온할 수 있겠으며(마 6:22), 무엇이 땅에서 아무것도 바라지 않는 사람보다 자유로울 수 있겠습니까?

그러므로 사람은 모든 피조물에 초연하고, 자신을 온전히 버리며, 피조물 중에 만물의 창조자이신 주님과 같은 것이 없음을 황홀한 마음으로 보아야 합니다.

모든 피조물에서 벗어나지 않으면 자유로운 마음으로 하나님의 일에 집중할 수 없습니다. 이런 까닭에, 깊은 묵상에 잠기는 사람을 찾기 어렵고, 사라질 피조물에서 온전히 벗어날 수 있는 사람도 드뭅니다.

2 영혼이 고양(高揚)되고 자신을 초월하려면 큰 은혜가 필요합니다. 영적으로 고양되고 모든 피조물로부터 자유로워지며 온전히 하나님과 연합하지 못하면, 그가 무엇을 알고 무엇을 가졌는지는 그리 중요하지 않습니다.

유일하게 무한하고 영원하신 하나님 외에 무엇이든 크게 여기는 자는 오랫동안 작은 자로 남고 밑바닥에서 뒹굴 것입니다. 하나님 외에는 무엇이든 아무것도 아니며, 아무것도 아니라고 여겨야 합니다.

깨우침을 받은 경건한 자의 지혜와 배우고 연구하는 성직자의 지식에는 큰 차이가 있습니다. 하나님으로부터 위에서 내려오는 지식은 사람이 힘들여 얻은 지식보다 훨씬 고귀합니다.

[3] 묵상을 갈망하면서도 정작 묵상에 필요한 것을 실천하려 애쓰지 않는 사람이 많습니다. 묵상의 큰 걸림돌은 사람들이 표징과 감각적인 것에 안주하고 자신을 온전히 낮추는 일에 별 관심을 쏟지 않는다는 것입니다.

영적이라 불리는 저희가 덧없고 비천한 것을 위해서는 그렇게 수고하고 걱정하면서도 정작 자기 내면에 대해서는 정신을 집중하고 살필 생각을 거의 하지 않습니다. 이것이 도대체 무슨 일이고, 저희가 어떤 영의 인도를 받으며, 무슨 척을 하는 것인지 모르겠습니다.

[4] 안타깝게도 지금 저희는 잠깐 생각하다 다시 뛰쳐나가며, 자기 행위를 엄격히 살피지 않습니다. 자기 마음이 어디에 쏠리는지 신경 쓰지 않고, 자신의 모든 행위에 불순물이 섞여도 탄식하지 않습니다.

"모든 혈육 있는 자의 행위가 부패"(창 6:12)했기 때문에 대홍수가 뒤따랐습니다(창 7:21). 그 이후 저희의 내적 정서가 많이 부패했고, 거기에서 나오는 행동도 부패할 수밖에 없는데, 이것은 내면에 활력이 없다는 증거입니다. 순전한 마음에서 선한 삶의 열매가 나옵니다.

[5] 저희는 사람이 얼마나 많은 일을 했느냐고 물으면서도 그 사람이 얼마나 덕을 행하느냐는 그리 꼼꼼히 따지지 않습니다. 어떤 사람이 용감한지, 부자인지, 잘생겼는지, 능숙한지, 글을 잘 쓰는지, 노래를 잘 부르는지, 일을 잘하는지 묻지만, 그 사람이 얼마나 심령이 가난한지, 얼마나 인내하고 온유한지, 얼마나 경건하고 영적인지는 거의 말하지 않습니다.

본성은 사람의 겉면을 살피지만, 은혜는 내면을 살핍니다. 본성은 자주 실망하지만, 은혜는 하나님을 신뢰하기에 속지 않습니다.

32 CHAPTER

자기를 부인하고
모든 악한 욕구를 버림에 관하여

┌─┐
│ 1 │ 사랑하는 주님의 말씀
└─┘

내 아들아, 자신을 온전히 부인하지 않으면 온전한 자유를 얻지 못한다(마 16:24, 19:8,9).

그저 자기 이익만 구하고 자신을 사랑하는 자들은 모두 족쇄에 매여 있다. 이들은 탐욕스럽고, 호기심이 많고, 방황하고, 예수 그리스도의 일 대신 늘 공교한 것을 구하며, 지속되지 못할 것을 궁리하고 만들어낸다.

하나님에게서 나지 않은 것은 모두 사라질 것이다. 짧고 완전한 이 말을 기억하라. "모든 것을 버리면 모든 것을 찾으리라." 무절제한 욕망을 모두 버려라. 그러면 안식을 찾으리라. 이것을 깊이 생각하고 실천하면 모든 것을 깨달을 것이다.

제자의 말

주님, 이것은 하루아침에 되는 일이 아니며, 아이들 장난도 아닙니다. 그렇습니다. 이 짧은 한마디에 온전한 신앙인이 되는 데 필요한 모든 것이 들어 있습니다.

2 사랑하는 주님의 말씀

내 아들아, 온전함에 이르는 길에 대해 듣거든 등을 돌리거나 곧바로 낙담해서는 안 된다. 오히려 더 높은 것들을 향해 분발하거나 적어도 그것들을 갈망해야 한다.

네가 그렇게 되기를 바란다. 그러면 네가 더는 자신을 사랑하지 않고, 내 말과 내가 네 위에 아버지로 세운 자의 말을 행할 것이다. 그러면 너는 나를 크게 기쁘게 하고, 네 모든 삶에 기쁨과 평안이 함께할 것이다.

너는 아직 버려야 할 것이 많다. 이것들을 완전히 버리지 않으면 네가 바라는 것을 얻지 못할 것이다. "내가 너를 권하노니 내게서 불로 연단한 금을 사서 부요하게 하고"(계 3:18). 즉 그보다 못하며 땅에 속한 것을 밟는 하늘의 지혜를 사라. 땅의 지혜를 경시하고, 다른 사람들이나 너 자신을 기쁘게 하는 데 관심을 두지 말라.

3 　나는 사람들 사이에서 귀하고 크게 취급받는 것으로 비천한 것들을 사야 한다고 말했다. 진정한 하늘의 지혜는 자신을 대단하게 생각하지 않고 땅에서 높임을 받기를 구하지도 않기 때문에, 사람들 사이에서 그 자체로 평범해 보이고 대수롭지 않게 여겨지며 거의 잊힌다.

많은 사람이 실제로 입으로는 하늘의 지혜를 찬양하지만 삶은 하늘의 지혜에서 한참 멀다. 그러나 하늘의 지혜는 많은 사람에게 감춰진 값비싼 진주이다 (마 13:46).

온전함에 이르는 길에 대해 듣거든 등을 돌리거나 곧바로 낙담하지 말고
더 높은 것들을 향해 분발하거나 적어도 그것들을 갈망해야 한다

33 CHAPTER

변덕스러운 우리의 마음은
하나님을 향해야 한다

☐ 1 ☐ 사랑하는 주님의 말씀

내 아들아, 네 감정을 믿지 말라. 감정은 쉬 변하기 때문이다.
살아 있다면 원치 않아도 변할 수밖에 없다(욥 14:2). 그래서
한순간 즐거웠다가도 곧 슬퍼지고, 한순간 평안했다가도 금
방 불안해진다. 한순간 경건했다가도 곧 세속적이 되고, 한순
간 부지런했다가도 금방 게을러지며, 한순간 침통했다가도
다음 순간 마음이 가벼워진다.

그러나 지혜롭고 영적으로 가르침을 잘 받은 사람은 이렇
게 변하는 것들 속에서도 흔들리지 않는다. 자신의 느낌이나
불안정한 바람의 방향에 주목하는 대신, 온 마음을 올바른 최
고의 목표에 집중한다.

그리스도를 본받아 3

그래서 이런 사람은 온갖 일이 수없이 일어나도 마음의 눈이 줄곧 오로지 나를 향하기 때문에 늘 한결같고 흔들리지 않을 것이다.

⌐ 2 ¬ 마음의 눈이 순전한 사람일수록(마 6:22) 자신에게 닥치는 갖가지 폭풍을 더 일관되게 헤쳐나간다. 그러나 많은 사람이 순전하던 마음의 눈이 점점 흐려지는데, 자신을 찾아오며 즐거움을 주는 대상에 재빨리 눈을 돌리기 때문이다. 이런 까닭에, 자기 유익을 전혀 구하지 않는 사람을 찾기 어렵다.

예전에 유대인들이 마르다와 마리아를 찾아간 것은 단지 예수님을 보기 위해서가 아니라 나사로를 보기 위해서이기도 했다(요 12:9).

그러므로 네 마음의 눈이 순전해져야 한다. 그러면 네가 너와 나 사이에 끼어드는 온갖 상황을 뛰어넘어, 한결같고 바르며(마 6:22) 나를 향할 수 있을 것이다.

34 CHAPTER

하나님을 사랑하는 자는
그분을 만물보다 달콤하게 여긴다

┌─┐
│ 1 │ 제자의 말
└─┘

"보소서, 나의 하나님! 주님은 저의 전부이십니다!"

제가 무엇을 더 원하며 어찌 더 큰 행복을 바라겠습니까? 얼마나 달콤하고 맛 좋은 말인지요! 이 말을 사랑하고 세상과 세상에 속한 것을 사랑하지 않는 사람에게만 그렇습니다.

"나의 전부이신 나의 하나님!"

이 말을 깨닫는 사람은 이 한마디로 충분합니다. 이 말을 사랑하는 사람은 이 말을 자주 반복하는 것이 즐겁습니다.

주님이 곁에 계시면 모든 것이 즐겁지만, 주님이 곁에 계시지 않으면 모든 것이 지루합니다. 주님은 마음의 평온과 깊은 평안과 큰 기쁨을 주십니다.

그리스도를 본받아 3

주님은 저희가 모든 것을 좋게 생각하도록 하시고, 모든 것에서 주님을 찬양하게 하십니다.

주님이 계시지 않으면 그 무엇도 지속적인 즐거움이 될 수 없습니다. 무슨 일이든 즐겁고 감사로 가득하려면 주님의 은혜가 함께하고 주님의 지혜가 그 일에 맛을 더해야만 합니다.

2. 주님이 기뻐하시는 자라면 무엇인들 기쁘지 않겠습니까? 주님이 기뻐하시지 않는 자라면 무엇인들 기쁘겠습니까?

세상의 지혜로운 자들과 육신의 것에 맛을 들인 자들은 주님의 지혜에 이르지 못합니다(고전 1:26 ; 롬 8:5 ; 요일 2:16). 이들은 허영심이 많고 육신은 죽음에 이르기 때문입니다.

그러나 세상 것을 멸시하고 육신을 죽임으로써 주님을 따르는 자들은 참으로 지혜롭습니다. 이들은 헛된 것에서 진리로, 육에서 영으로 옮겨졌기 때문입니다. 이들은 하나님을 즐거워합니다. 피조물에게서 무슨 선한 것을 발견하든지 그것을 지으신 분에게 오롯이 찬양을 돌립니다.

창조주에게서 오는 기쁨과 피조물에서 오는 기쁨, 영원함의 기쁨과 시간의 기쁨, 창조되지 않은 빛의 기쁨과 비춤을 받은 빛의 기쁨 사이에는 너무나 큰 차이가 있습니다.

[3] 창조된 모든 빛을 초월하는 영원한 빛이여, 위에서 주님의 빛을 비추어 제 마음의 가장 구석진 곳을 밝히소서. 그 빛에서 나오는 모든 능력으로 저의 영을 정결하고 밝게, 기쁘고 생기 있게 하셔서 제가 기쁨과 승리감을 만끽하며 주님 곁에 바싹 붙어 있게 하소서.

주님의 임재가 저를 채우고 모든 일에 주님이 저의 전부가 되실 복되고 갈망하는 그때가 언제 오겠습니까? 이것이 허락되지 않는 한, 저는 온전한 기쁨을 누리지 못할 것입니다.

안타깝게도, 아직도 옛사람이 제 안에 살아 있습니다(롬 7장). 그는 십자가에 완전히 못 박히지 않았고 완전히 죽지도 않았습니다. 아직도 옛사람이 성령에 맹렬히 맞서고 내면에 싸움을 일으켜 제 영혼이 평안을 누리지 못합니다.

[4] 그러나 거센 바다를 다스리고 거친 파도를 잠잠하게 하시는 주님(시 89:9), 일어나 저를 도우소서! 전쟁을 좋아하는 민족들을 흩으시고(시 68:30), 주님의 능력으로 그들을 멸하소서. 간구하오니, 주님의 위대함을 드러내시고 주님의 오른손이 영광 받게 하소서. 주 나의 하나님, 주님 외에는 제게 그 어떤 소망이나 피난처도 없기 때문입니다(시 31:14).

35 CHAPTER

이생에

유혹에서 안전한 곳은 없다

┌ 1 ┐ 사랑하는 주님의 말씀

내 아들아, 이 세상에서 너는 결코 안전하지 않다. 그러니 살아 있는 한(욥 7:1) 영적으로 늘 무장해야 한다. 원수들이 너를 에워싸고 좌우에서 공격한다(고후 6:7). 그러니 인내의 방패로 사방을 방어하지 않으면 곧 부상당할 것이다.

더욱이 나를 위해 무슨 일이든 감내하겠다는 진실한 의지로 네 마음을 나에게 고정하지 않으면 이 치열한 전투를 견디지 못하고 복된 성도의 면류관도 얻지 못할 것이다.

그러므로 용감하게 이 모두를 돌파하고, 강한 팔을 들어 너를 막는 모든 것에 맞서야 한다. 이기는 자는 만나를 얻지만, 게으른 자는 큰 불행이 기다리기 때문이다.

[2] 네가 세상에서 안식을 구한다면 어떻게 영원한 안식을 얻겠느냐? 참 평안을 구하되 땅이 아니라 하늘에서, 사람이나 그 어떤 피조물이 아니라 오직 하나님에게서 구하라.

너는 하나님의 사랑을 위해 모든 것을 감수해야 한다. 즉 모든 수고, 슬픔, 유혹, 괴로움, 불안, 궁핍, 질병, 상처, 비난, 책망, 굴욕, 수치, 질책, 경멸을 감수해야 한다.

이것들은 그리스도를 따르는 자들이 받는 훈련이며, 덕에 도움이 된다. 이것들이 하늘의 면류관을 빚는다. 나는 짧은 수고를 영원한 상으로 갚고, 잠깐의 수치를 무한한 영광으로 갚을 것이다.

[3] 너는 네가 원하면 언제든 영적인 위로를 받을 것이리라고 생각하느냐? 나의 성도들은 그러지 못했고 오히려 많은 고난과 갖은 유혹을 받았으며 큰 불편을 겪었다. 그러나 이 모든 상황에서, 현재의 고난이 장래의 영광에 비교될 수 없음(롬 8:18)을 알았기에 인내하며 견뎠고, 자신이 아니라 하나님을 신뢰했다. 다른 사람들은 많은 눈물과 큰 수고 후에 힘들게 위로를 받았는데 너는 곧장 위로를 받겠느냐?

주님을 기다리고, 용감하게 행동하며, 담대하고(시 27:14), 절망하지 말며, 네 자리를 떠나지 말고, 하나님의 영광을 위해 꾸준히 네 몸과 영혼을 드려라. 내가 네게 가장 풍성히 갚아주고, 네가 환난당할 때마다 너와 함께할 것이다.

36 CHAPTER

사람들의

헛된 판단을 대할 때

⌈ 1 ⌉ 사랑하는 주님의 말씀

내 아들아, 네 마음을 주님께 확실히 맡기라. 그리고 네 양심이 너의 경건함과 결백함을 증언한다면 사람들의 판단을 두려워하지 말라.

이렇게 고난받는 것은 선하고 복된 일이다. 겸손한 마음과 자신이 아니라 하나님을 신뢰하는 마음에는 그리 부담스러운 일이 아닐 것이다.

사람들은 대부분 말을 많이 하기 때문에 별로 신뢰를 얻지 못한다. 더욱이 모두를 다 만족시키는 것은 불가능하다.

그리스도를 본받아 3

┌ 2 ┐ 바울은 주님 안에서 모두를 기쁘게 하려 애쓰고 여러 사람에게 여러 모양으로 다가갔으나(고전 9:22 ; 고후 4:2) 사람에게 판단 받는 것을 매우 작은 일로 여겼다(골 1장 ; 고전 4:3).

그는 다른 사람들을 세워주고, 그들을 구원에 이르게 할 수 있다면 무엇이든 했다. 그러나 이따금 다른 사람들에게 판단받고 멸시당하는 것을 막을 수는 없었다.

그래서 바울은 모든 것을 아시는 하나님께 모든 것을 맡겼고, 불의한 말을 하는 사람들이나 헛된 것과 거짓된 것을 생각하고 마음에 있는 대로 자랑하는 사람들을 대하여는 인내와 겸손으로 자신을 방어했다. 그렇더라도 자신의 침묵으로 연약한 자들이 실족하지 않도록 이따금 대꾸하기도 했다(행 26장 ; 빌 1:14).

┌ 3 ┐ 사람은 죽을 수밖에 없는데 왜 그런 존재를 두려워하느냐? 사람이란 오늘 있다가도 내일이면 사라지는 존재이다(마카비상 2:62,63). 하나님을 두려워하라. 그러면 사람들의 위협을 두려워할 필요가 없을 것이다.

사람의 말이나 모욕이 네게 무슨 해를 끼칠 수 있겠느냐? 그는 너를 해치는 것이 아니라 자신을 해치며, 그가 누구든 하나님의 심판을 면하지 못한다(롬 2:3 ; 고전 11:32).

하나님을 네 눈앞에 두고, 불평하거나 다투지 말라. 네가 잠시 패배하고 부당하게 수치를 당하는 것 같아 보여도 투덜대지 말고 조급함으로 네 면류관을 줄이지도 말라(히 12:1,2).

오히려 네 눈을 들어 하늘에 있는 나를 바라보라. 나는 너를 모든 수치와 악에서 구해낼 수 있고 각 사람에게 행한 대로 갚아줄 수 있기 때문이다.

37 CHAPTER

마음의 자유를 얻기 위해
온전히 자신을 버리라

1 │ 사랑하는 주님의 말씀

내 아들아, 너 자신을 버려라. 그러면 나를 찾을 것이다(마
16:24). 무엇이든 자기중심적으로 선택하지 말고, 무엇이든 사
사로이 사용하지 말라. 그러면 늘 네게 유익이 돌아갈 것이다.
너 자신을 완전히 버리고 다시 취하지 않으면 더 큰 은혜가
네게 더할 것이다.

제자의 말
주님, 얼마나 자주, 어느 부분에서 저 자신을 버려야 합니까?

사랑하는 주님의 말씀

늘, 매 순간 자신을 버리며, 큰일뿐 아니라 작은 일에서도 자신을 버려야 한다. 나는 예외를 두지 않으며, 네가 모든 것을 버리기를 바란다. 네가 안팎으로 자기 의지를 버리지 않는다면, 어떻게 네가 내 것이 되고 내가 네 것이 되겠느냐?

네가 한시라도 빨리 이렇게 할수록 네게 더 유익할 것이다. 네가 온전하고 진실하게 이렇게 할수록 내가 더 크게 기뻐하고 네게 더 큰 유익이 될 것이다.

2 어떤 사람들은 자신을 버리되 다 버리지는 않는다. 그들은 자신의 전부를 하나님께 맡기지 않고 스스로 자신을 돌볼 궁리를 한다. 어떤 사람들은 처음에 다 버렸다가도 나중에 유혹받아 제자리로 돌아와서 덕의 길에서 전진하지 못한다.

먼저 자신을 완전히 버리고 날마다 나에게 자신을 희생 제물로 바치지 않으면, 순전한 마음이 얻는 참 자유에 이르지 못하고, 나와 달콤한 친밀감을 나누는 은혜에도 이르지 못할 것이다. 이렇게 하지 않고는 나와 연합해 열매를 맺을 수 없기 때문이다.

<u>3</u> 이미 네게 자주 말했으나 다시 말하노니, 너 자신을 부인하고(마 16:24) 버려라. 그러면 큰 내적 평안을 누릴 것이다.

모두에게 모두 다 주어라. 아무것도 구하지 말고, 아무 보답도 요구하지 말며, 순전하고 강한 확신을 품고 내 안에 거하라. 그러면 나를 얻고 네 마음이 자유하며, 어둠이 너를 짓누르지 못할 것이다.

순전히 예수님만 따르며 자신에 대해 죽고 나에 대해 영원히 살려고 모든 이기심을 버리는 데 전심전력하고, 이를 위해 기도하며, 이렇게 되기를 갈망하라.

그러면 모든 헛된 상상, 악한 방해물, 불필요한 근심이 사라질 것이다. 지나친 두려움이 네게서 떠나고 무절제한 사랑도 사라질 것이다.

38 CHAPTER

외적인 일을 잘 다스리고,
위험할 때 하나님을 의지하라

[1] 사랑하는 주님의 말씀

내 아들아, 너는 어디서 무엇을 하든 모든 외적 행위에서 내적으로 자유롭고, 자신을 철저히 다스리며, 모든 것이 네 아래 있고 네가 그 아래 있지 않도록 부지런히 노력하라. 너는 네 행위의 종이나 고용인이 되지 말고 주인이 되어야 한다.

너는 자유인이요 참 히브리인으로서 하나님의 자녀들이 누리는 몫과 자유를 누려야 한다. 이들은 현재의 것에 발을 딛고 서 있지만 영원한 것을 숙고하기 때문이다.

이들은 왼쪽 눈으로 일시적인 것을 보고, 오른쪽 눈으로 하늘의 것을 바라본다. 일시적인 것이 이들을 이끌지 못하며, 오히려 이들이 일시적인 것을 이끌어 자신들을 섬기게 하는데,

하나님, 곧 자신의 모든 피조물에 합당한 질서를 부여하신 위대한 장인(匠人)께서 정하신 방식대로 섬기게 한다.

[2] 네가 어떤 상황에서든 굳게 서서 흔들리지 않고, 네게 보이고 들리는 것을 겉모양이나 육신의 눈으로 판단하지 않으며, 오히려 모든 일에서 모세와 함께 성막에 들어가 하나님의 조언을 구하면(출 33:9), 때로 하나님의 응답을 듣고 현재 일과 장래 일에 많은 가르침을 받을 것이다.

모세는 의심과 의문을 해결하기 위해 늘 성막으로 달려갔고, 위험에 처하거나 사람들이 악을 행할 때면 기도의 피난처를 찾아 도움을 구했다. 너도 이렇게 네 마음의 골방에 들어가(마 6:6) 아주 간절히 하나님의 은혜를 구해야 한다.

성경에서 보듯이, 여호수아와 이스라엘 자녀들이 하나님의 조언을 구하지 않고(수 9:14) 기브온 사람들의 그럴듯한 말을 너무 쉽게 믿어 그들의 거짓 경건에 속아 넘어갔기 때문이다.

네가 어떤 상황에서든 굳게 서서 흔들리지 않고,
모든 일에서 성막에 들어가 하나님의 조언을 구하면
때로 하나님의 응답을 듣고
현재 일과 장래 일에 많은 가르침을 받을 것이다

39 CHAPTER

일을 성급하게
처리해서는 안 된다

사랑하는 주님의 말씀

내 아들아, 네 일을 언제나 내게 맡겨라. 때가 되면 내가 잘 처
리해주겠다. 내가 약속한 때를 기다려라. 그러면 네게 유익할
것이다.

제자의 말

주님, 모든 것을 더없이 기쁘게 주님께 맡깁니다. 제 노력은
별 소용이 없기 때문입니다. 장래 일에 너무 마음을 쏟지 않고
저를 주님의 선한 뜻에 주저 없이 맡기고 싶습니다.

내 아들아, 사람은 자신이 바라는 바를 맹렬히 추구하다가 그
것을 얻고 나면 흔히 마음이 바뀌기 시작한다. 사람의 마음은
한곳에 오래 머물지 못하고 다른 데로 옮겨가기 때문이다. 그
러므로 사람이 아주 작은 일에서라도 자신을 버리면 그 유익
이 결코 작지 않다.

진정한 진보는 자기를 부인하는 데 있습니다. 그리고 자기를
부인하는 사람은 큰 자유와 안전을 누리며 삽니다.

　그러나 모든 선한 자를 대적하는 옛 원수(벧전 5:8)는 잠시
도 쉬지 않고 유혹하며, 누구라도 방심하면 속여 함정에 빠뜨
리려고 밤낮으로 지독하게 기다립니다. 그러므로 주님은 "시
험에 들지 않게 깨어 기도하라"라고 하십니다(마 26:41).

40 CHAPTER

사람에게는 선한 것도 없고
자랑할 것도 없다

[1] 제자의 말

"사람이 무엇이기에 주께서 그를 생각하시며 인자가 무엇이기에 주께서 그를 돌보시나이까"(시 8:4). 사람이 무엇이기에 그에게 은혜를 베푸십니까? 주님, 주님이 저를 버리신들 제가무슨 불평을 하겠습니까? 주님이 제가 바라는 것을 행하지 않으신들 제가 주님의 판단을 어떻게 논박하겠습니까?

저는 참으로 이렇게 생각하고 말할 뿐입니다. 주님, 저는 아무것도 아니고, 아무것도 할 수 없으며, 선한 것이 전혀 없고, 도리어 온통 결점뿐이며 계속해서 아무것도 성취하지 못합니다. 주님이 저를 돕고 내적으로 가르치지 않으신다면 저는 미지근하고 무능해질 수밖에 없습니다.

┌ 2 ┐ 그러나 주님, 주님은 언제나 한결같고 영원히 계십니다 (시 102:12). 언제나 선하고 의롭고 거룩하시며, 모든 일을 바르고 정의롭게, 거룩하고 지혜롭게 행하십니다.

그러나 저는 앞으로 나아가기보다 뒷걸음질 치기를 잘하며 한 상태에 진득하게 머물지 못하는데, 제가 "일곱 때를 지내기"(단 4:16, 23, 32) 때문입니다.

그러나 주님이 도움의 손길 내밀기를 기뻐하시고 그렇게 하시면 곧 나아집니다. 주님만이 사람의 도움 없이 저를 돕고 제게 힘을 주시어, 제 얼굴이 더는 변하지 않고 제 마음이 오직 주님을 향하며 안식을 얻게 하실 수 있기 때문입니다.

┌ 3 ┐ 그러므로 더 깊은 신앙을 위해서든, 유한한 인간에게 위로를 얻을 수 없기에 주님을 찾아야만 하는 저 자신의 필요 때문이든, 모든 인간적 위로를 완전히 버릴 수 있다면 저는 주님의 은혜를 소망하며 새로운 위로를 선물 받고 기뻐할 것입니다.

┌ 4 ┐ 제가 형통할 때마다 모든 것의 근원이신 주님께 감사드립니다. 그러나 주님의 눈에 저는 헛된 존재요 아무것도 아니며, 우유부단하고 연약한 인간입니다. 그러니 제가 무엇을 자

랑하겠으며 무엇으로 존경받기를 바라겠습니까? 제가 아무 것도 아니라는 것 때문이겠습니까?

그러나 이것은 가장 헛됩니다. 공허한 자랑은 사실 악한 역병이며 지극히 헛되니, 사람에게서 참된 영광과 하늘의 은혜를 빼앗기 때문입니다. 이런 사람은 자신을 기쁘게 하지만 주님을 노엽게 하고, 사람들의 칭찬을 갈망하지만 참 덕을 잃습니다.

5 그러나 참된 영광과 거룩한 환희는 자신을 자랑하지 않고 주님을 자랑합니다(합 3:18). 자신의 덕이나 힘을 기뻐하지 않고 주님의 이름을 기뻐하며, 피조물에서 기쁨을 찾지 않고 주님 때문에 기뻐합니다.

제 이름이 아니라 주님의 이름이 찬양받으소서. 제 행위가 아니라 주님이 하신 일이 높임 받게 하소서. 주님의 거룩한 이름이 송축 받게 하시고, 사람들의 칭찬이 조금도 저를 향하지 않게 하소서(시 113:3, 115:1).

주님은 제 영광이요 제 마음의 기쁨이십니다. 제가 온종일 주님을 자랑하고 기뻐할 것입니다. 그러나 저에 관해서는 저의 약함만을 자랑하겠습니다.

6 │ 유대인들이 서로 영광을 취하도록 내버려 두소서(요 5:44). 저는 오직 하나님에게서 오는 영광을 구하겠습니다. 모든 인간적 영광, 모든 일시적 영예, 모든 세상적 존귀는 영원한 영광에 비하면 헛되고 어리석기 때문입니다.

나의 하나님, 나의 진리와 자비이신 복되신 삼위일체 하나님, 찬양과 존귀와 능력과 영광이 오직 주님께만 영원, 영원히 있습니다.

41 CHAPTER

모든 현세적 존귀를
경멸함에 관하여

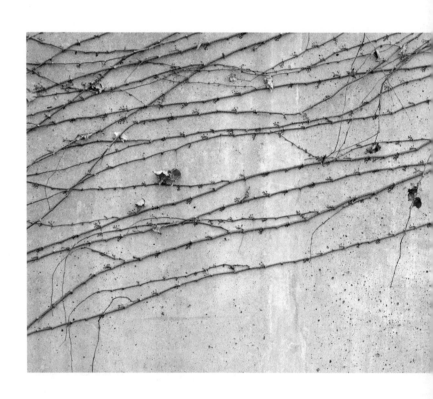

[1] 사랑하는 주님의 말씀

내 아들아, 다른 사람들은 존귀해지고 올라가는데 너는 멸시받고 내려가더라도 개의치 말라. 네 마음이 하늘에 있는 나를 향하게 하라. 그러면 땅에서 사람들에게 멸시받더라도 슬프지 않을 것이다.

제자의 말

주님, 저희는 눈이 멀어 헛된 것에 쉽게 미혹됩니다. 자신을 잘 들여다보면 그 어떤 피조물도 내게 해를 끼쳤다고 말할 수 없습니다. 그러니 저는 주님께 정당하게 불평할 수 없습니다.

[2] 제가 주님께 중한 죄를 자주 짓기 때문에 모든 피조물이 제게 무기를 드는 것은 정당합니다. 그러므로 수치와 멸시는 제게 돌리고 찬양과 존귀와 영광은 주님께 돌려야 마땅합니다.

모든 피조물에게 기꺼이 멸시와 버림을 받고 전혀 아무것도 아니라고 취급받을 준비를 하지 않는다면, 저는 내적 평안과 안정을 얻을 수 없고 영적 깨달음을 얻을 수도 없으며 주님과 온전히 연합할 수도 없습니다.

42 CHAPTER

우리의 평안을
사람에게서 찾아서는 안 된다

내 아들아, 네가 어떤 사람에 대해 생각하는 바나 그 사람과의 친분 때문에 네 평안을 그에게 의지하면 늘 불안하고 혼란스러울 것이다. 반대로 네가 늘 살아 있고 변치 않는 진리를 의지하면 친구가 떠나거나 죽더라도 슬픔에 빠지지 않을 것이다.

친구 관계의 뿌리를 내게 두어야 한다. 네가 좋게 생각하는 친구나 세상에서 네게 아주 소중한 친구가 누구든, 나 때문에 그 친구를 사랑해야 한다. 내가 빠지면 어떤 우정도 지속할 수 없고 지속되지 않을 것이다. 나를 통해 하나로 묶이지 않은 사랑은 참되고 순수하지 못하다.

너는 사람들과 전혀 사귐이 없이 지내려 할 만큼, 사랑하는 친구들을 향한 애착에 대해 완전히 죽어야 한다. 하나님을 가까이할수록 땅에서 얻는 모든 위안에서 멀어지며, 자신을 낮추고 보잘것없게 여길수록 하나님께 더 높이 올라간다.

그러나 조그마한 선함이라도 자신에게 돌린다면 하나님의 은혜가 임하지 못하도록 막는 것이다. 성령의 은혜는 늘 겸손한 마음을 찾기 때문이다(벧전 5:5).

네가 자신을 죽이고 피조물에 대한 모든 사랑을 비워내는 법을 완전히 터득하면 내가 네게로 들어가 네 안에 은혜가 넘쳐흐르게 할 것이다.

네가 피조물을 바라볼 때 창조주의 눈은 네게서 멀어진다. 창조주의 사랑을 얻기 위해 모든 일에서 자신을 이기는 법을 배워라. 그러면 하나님을 아는 지식에 이를 수 있을 것이다. 아무리 작은 것이라도 무절제하게 사랑하고 아끼면 그것이 너를 가장 좋은 것에서 밀어내고 네 영혼을 해친다.

43 CHAPTER

헛된 세상 지식에
맞서라

［ 1 ］ 사랑하는 주님의 말씀

내 아들아, 사람들의 말이 아무리 아름답고 세련되어도 그 말
에 흔들리지 말라. "하나님의 나라는 말에 있지 아니하고 오
직 능력에 있음이라"(고전 4:20).

　내 말에 귀 기울여라. 내 말은 마음에 불을 붙이고 생각을
깨우며 회개를 일으키고 다양한 위로를 풍성히 주기 때문이
다. 그저 더 배우거나 더 지혜로운 사람으로 보이려고 말씀을
읽어서는 안 된다.

　네 죄를 죽이기에 힘써라. 이것이 숱한 난제를 푸는 지식보
다 네게 유익할 것이다.

[2] 읽고 많이 배운 다음에는 늘 근본 원리로 돌아가야 한다. 나는 사람에게 지식을 가르치며, 어린아이들에게 사람이 줄 수 없는 분명한 깨달음을 준다. 그러므로 내 말을 듣는 자는 곧 지혜로워지고 그 영혼이 큰 유익을 얻을 것이다.

사람들에 관해서는 호기심이 많아 캐물으면서도 나를 섬기는 방법에는 도무지 관심이 없는 자들에게 화가 있으리라!

선생들의 선생이요 천사들의 주이신 그리스도께서 오셔서 모든 사람의 교훈을 들으시고 모든 사람의 양심을 살피실 때가 올 것이다. 그때 그분이 등불을 들고 예루살렘을 살피실 텐데 어둠에 숨겨진 것들이 빛에 드러나고(습 1:12 ; 고전 4:5) 자신을 변론하던 자들이 입을 다물 것이다.

[3] 나는 겸손한 마음을 단숨에 일으켜 학교에서 10년 공부한 사람보다 영원한 진리를 많이 깨닫게 한다. 나는 가르치면서 요란한 말을 하지 않고, 생각을 혼란스럽게 하지 않으며, 명예욕을 일으키지 않고, 논쟁을 유발하지 않는다.

나는 땅의 것을 멸시하고 현세의 것을 미워하며 영원한 것을 구하고 즐기라고 가르친다. 높임 받기를 피하고 해를 당해도 감내하며 모든 소망을 내게 두고, 나 외에는 아무것도 바라지 않으며, 무엇보다도 나를 뜨겁게 사랑하라고 가르친다.

4 　어떤 사람은 나를 온전히 사랑함으로써 신령한 것을 배웠고 감탄할 만한 것을 말하게 되었다. 그는 어려운 것을 연구하기보다 모든 것을 버림으로써 더 많은 유익을 얻었다.

나는 어떤 사람들에게는 평범한 것을 말하고 어떤 사람들에게는 좀 더 특별한 것을 말한다. 어떤 사람들에게는 상징과 형상으로 부드럽게 나타나지만 어떤 사람들에게는 밝은 빛으로 신비를 드러낸다.

책이 내는 목소리는 하나이지만 모두를 똑같이 가르치지는 않는다. 나는 내면에 진리를 가르치는 스승이자 마음을 살피는 자, 생각을 분별하는 자, 선한 행위를 일으키는 자, 각자에게 내가 최선이라고 판단하는 것을 나눠주는 자이기 때문이다.

내 말에 귀 기울이고 네 죄를 죽이기에 힘써라
이것이 술한 난제를 푸는 지식보다 네게 유익할 것이다

CHAPTER

외적인 일에
눈과 귀를 닫을 의무

⌐1¬ 사랑하는 주님의 말씀

내 아들아, 너의 의무는 많은 일에 대해 알려고 하지 않고, 너를 세상에서 죽은 자요 온 세상에 대하여 십자가에 못 박힌 자로 여기는 것이다(갈 6:14). 귀를 막고 많은 것을 못 들은 척 지나치는 대신 네 평안과 관련된 것을 생각하는 것도 너의 의무이다.

말다툼의 노예가 되기보다는 유쾌하지 못한 것에서 눈을 돌리고 각자 제 생각을 고집하도록 놓아두는 것이 훨씬 유익하다. 너와 하나님 사이에 모든 것이 원활하고 그분의 판단을 네 마음에 두면, 지는 일을 견디는 것이 더 쉬워질 것이다.

주님, 저희가 어쩌다 이렇게 되었는지요! 보소서. 저희는 일시적 손실에 통곡하고 작은 것을 얻으려고 수고하며 달려가면서도 정작 영혼이 입은 손상은 거의 기억조차 못 합니다.

아무 유익도 없는 것에 마음을 쏟으면서도 정작 꼭 필요한 것은 가볍게 넘겨버립니다. 외적인 것에 온통 빠져 있기 때문입니다. 속히 회개하지 않으면 거기에, 그것도 스스로 안주하게 됩니다.

45 CHAPTER

사람은 말로 상처 주기 쉽고

믿을 대상이 못 된다

<u>1</u>　제자의 말

주님, 환난당할 때 저를 도우소서. 사람의 도움은 헛되기 때문
입니다(시 60:11).

　당연히 신의(信義)가 있으리라 기대한 곳에서 그것을 찾지
못하고 속는 일이 얼마나 많은지요! 전혀 기대하지 않은 곳에
서 신의를 찾은 것은 또 얼마나 많은지요!

　그러므로 사람을 신뢰하는 것은 헛됩니다. 하나님, 의인의
구원은 주님께 있습니다! 주 나의 하나님, 제게 닥치는 모든
일에서 찬양받으소서. 저희는 연약하고 꾸준하지 못합니다.
저희는 빨리 속고 금세 변합니다.

[2] 누가 매사에 신중하고 용의주도하게 자신을 지켜 어떤 속임수나 곤경에도 빠지지 않을 수 있겠습니까?

그러나 주님, 주님을 신뢰하고 일편단심으로 주님을 찾는 자는 쉽게 넘어지지 않습니다(잠 10:29). 이런 사람은 아무리 환난에 깊이 빠져도 주님을 통해 곧바로 구원받거나 주님에게 위로받습니다. 주님은 주님을 신뢰하는 자를 끝까지 버리지 않으시기 때문입니다.

친구가 온갖 어려움을 당할 때 신의를 잃지 않는 사람을 찾기란 쉽지 않습니다. 주님, 주님은, 오직 주님만이 언제나 더없이 신실하시며 주님 같은 분은 없습니다.

[3] "내 마음은 그리스도 안에 견고하게 터를 잡았다"라고 말한 거룩한 영혼은 얼마나 지혜로웠는지요! 제가 이러하다면 사람에 대한 두려움이 저를 쉽게 괴롭히지 못하고, 사람이 내뱉는 말의 화살이 저를 흔들지 못할 것입니다.

누가 모든 것을 내다볼 수 있으며, 장차 닥칠 악을 미리 준비할 수 있습니까? 미리 내다본 일도 저희를 해치기 일쑤인데, 예상치 못한 일이 큰 상처를 주지 않을 수 있겠습니까?

저는 한심한 존재입니다. 왜 좀 더 대비를 잘하지 못했을까요? 왜 다른 사람들을 그렇게 쉽게 믿었을까요?

그러나 저희는 사람입니다. 많은 사람에게 존경받고 천사라 불리더라도 저희는 연약한 사람일 뿐입니다.

주님, 제가 누구를 신뢰하겠습니까? 주님 외에 누구를 신뢰하겠습니까? 주님은 진리이셔서 속이지도 않고 속지도 않으십니다. 그러나 사람은 "다 거짓되고"(롬 3:4), 연약하며, 쉬 변하고, 잘 넘어집니다. 특히 말에 잘 넘어집니다. 그러므로 저희는 겉으로는 옳아 보여도 쉽게 믿어서는 안 됩니다.

┌─4─┐ 주님은 사람들을 조심하라고 놀라운 지혜로 저희에게 경고하셨습니다. 사람의 원수가 바로 집안 식구이기 때문입니다(미 7:5). 그래서 누가 "보라, 여기 있다", "보라, 저기 있다" 하더라도 믿지 말라고 하셨습니다. 손해가 제 스승이었으니 저는 이 때문에 더 신중해지고 덜 무지해지기를 원합니다.

누군가 제게 "조심하시오. 내가 하는 말을 혼자만 알고 계십시오"라고 했습니다. 그래서 저는 그의 말이 비밀이라 생각해 침묵을 지켰는데 정작 그는 비밀을 지키지 않고 저와 자신을 배신하고 떠나버렸습니다.

주님, 이런 경솔한 말과 무분별한 사람들로부터 저를 지켜 주시어 제가 이들의 손에 놀아나거나 이런 짓을 하지 않게 해 주소서. 제 말이 진실하고 한결같게 하시고, 교활한 혀를 제게서 멀찍이 제거해주소서. 다른 사람들에게 당하고 싶지 않은 일을 저 또한 그들에게 결코 행하지 말아야 합니다.

5 다른 사람들에 관해 침묵하고 모든 말을 무분별하게 믿지 않으며 들은 것을 쉽게 발설하지 않는 것이 얼마나 좋은 일이고 평안에 유익한지 모릅니다(잠 25:9). 자신을 소수에게만 열어 보이고, 마음을 보시는 주님을 항상 구하는 것도 좋은 일입니다(사 26:3).

저희는 바람 같은 말에 휩쓸리지 말고, 안팎으로 모든 일이 주님의 기쁜 뜻대로 이뤄지기를 바라야 합니다.

사람들 앞에 드러나기를 피하고, 널리 칭송받을 만한 일을 구하지 않으며, 삶의 개선과 경건을 향한 열심을 가져올 것들을 부지런히 추구하는 것이 하늘의 은혜를 지키기에 얼마나 안전한 길인지요!

6 자신의 덕이 알려져 너무 빨리 칭찬받는 바람에 해를 입은 사람이 얼마나 많은지요! 유혹과 싸움이 넘쳐나는 유약한 인생에서 은혜를 묵묵히 간직할 때 그 은혜가 얼마나 유익한지요!

46 CHAPTER

악한 말이 들릴 때
하나님을 신뢰함에 관하여

┌─1─┐ 사랑하는 주님의 말씀

내 아들아, 굳게 서서 나를 의뢰하라(시 37:3). 말은 말일 뿐이지 않으냐? 말은 날아다니지만 돌멩이 하나만큼도 상처를 주지 못한다.

네게 잘못이 있다면 기꺼이 너를 고치려고 생각하라. 양심이 너를 꾸짖지 않는다면 하나님을 위해 그런 말을 기꺼이 견디겠다고 결심하라. 네가 아직 강한 타격을 견딜 용기가 없다면 이따금 몇 마디 말을 견디는 것은 작은 일일 뿐이다.

그렇게 작은 일에 마음이 쓰이는 것은 네가 아직 육신에 매여 사람을 지나치게 의식하기 때문이다. 너는 멸시받는 것이 두려워서 네 잘못을 지적받는 대신 어떻게든 변명하려 든다.

┌ 2 ┐ 그러나 오히려 너 자신을 살펴라. 그러면 네 속에 세상이 여전히 살아 있고 사람을 기쁘게 하려는 헛된 욕망도 살아 있는 것이 보일 것이다.

네가 자기 잘못으로 받는 수치와 질책을 피하려 한다면 너는 진정으로 겸손하지 않고, 세상에 대해 진정으로 죽지도 않았으며, 세상이 너에 대해 십자가에 못 박히지도 않은 것이 분명하다.

내 말을 부지런히 들어라. 그러면 사람들의 숱한 말에 개의치 않을 것이다. 보아라, 너에 관한 말이 하나같이 악의로 지어낸 것이라 해도 네가 그 말을 흘려듣고 지푸라기만큼도 여기지 않으면 그 말이 네게 무슨 상처를 주겠느냐? 그 모든 말이 네 머리카락 한 올이라도 뽑을 수 있겠느냐(마 10:30 ; 눅 12:7)?

┌ 3 ┐ 하나님을 마음에 두지 않는 사람, 그분을 눈앞에 두지 않는 사람은 헐뜯는 말 한마디에도 쉽게 흔들린다. 그러나 자신의 판단이 아니라 나를 신뢰하는 자는 사람에 대한 두려움에서 자유로울 것이다. 나는 재판장이며(시 7:8) 모든 비밀을 다 알기 때문이다. 일이 어떻게 일어났는지, 누가 상처를 주었고 누가 상처를 받았는지 안다.

말은 날아다니지만 돌멩이 하나만큼도 상처를 주지 못한다
나를 신뢰하는 자는 사람에 대한 두려움에서 자유로울 것이다

이 일은 많은 사람의 생각을 드러내기 위하여(눅 2:35) 내게서 비롯되었고 내가 허락한 것이다. 누가 유죄이고 무죄인지 내가 심판할 것이다. 그러나 은밀한 심판으로 미리 양쪽을 시험하겠다.

4 사람의 증언은 속이기 일쑤다. 그러나 나의 심판은 참되며 굳게 서고 결코 번복되지 않을 것이다. 나의 심판은 대체로 감춰져 있고, 모두가 아니라 몇몇만 안다. 어리석은 자들의 눈에는 바르지 않아 보여도, 나의 심판에는 결코 오류가 없으며 있을 수도 없다.

그러므로 사람들은 자신의 판단을 의지하지 말고 모든 심판을 내게 맡겨야 한다. 내가 그에게 어떤 일이 닥치게 하더라도 의인은 환난에서 벗어날 것이기 때문이다(잠 12:13).

그래서 의인은 억울한 일을 당해도 별로 개의치 않고, 다른 사람들이 이유를 대며 자신을 변호해주더라도 무턱대고 기뻐하지 않을 것이다. 의인은 내가 마음과 양심을 살피며(시 7:9 ; 계 2:23), 사람을 외모로 판단하거나 차별하지 않는다는 것을 알기 때문이다. 사람들이 판단하기에 칭찬받을 만한 일이 내 눈에는 책망받아 마땅할 때가 많기 때문이다.

제자의 말

강하고 오래 참으시는 의로운 재판장이신 주 하나님, 주님은 사람의 약함과 악함을 아십니다. 제 양심만으로 부족하오니 저의 힘과 모든 의지(依支)가 되어주소서.

제가 보기에 아무 잘못이 없는 것 같아도(고전 4:4) 이 때문에 제가 의롭다고 할 수는 없습니다. 주님의 자비가 없으면 주님이 보시기에 그 누구도 의롭지 못하기 때문입니다(시 143:2).

　　　　　　　　　　　　　　　그리스도를 본받아 3

47 CHAPTER

영생을 위해
모든 괴로움을 견뎌야 한다

☐ 1 ☐ 사랑하는 주님의 말씀

내 아들아, 나를 위해 겪는 고통스러운 수고에 낙담하지 말고 어떤 환난에도 완전히 주저앉지 말라. 오히려 모든 상황에서 내 약속을 기억하며 힘과 위로를 얻어라. 나는 네게 헤아릴 수 없을 만큼 상을 줄 능력이 얼마든지 있다.

너는 이 땅에서 오래 수고하지 않겠고 늘 슬픔에 짓눌리지도 않을 것이다. 조금만 기다리면 네 고난의 끝을 곧 볼 것이다. 모든 수고와 괴로움이 그칠 때가 곧 올 것이다. 시간과 함께 지나가는 것은 모두 가련하고 덧없다.

|2| 네가 하는 일을 열심히 하고, 내 포도원에서 성실히 일하라(마 20:7). 내가 네 상급이 될 것이다. 쓰고, 읽고, 찬송하고, 신음하고, 침묵하고, 기도하고, 용감하게 고난을 견뎌라. 영생은 이 모두를 감내하고, 더 큰 싸움도 감내할 만큼 가치 있다.

주님만이 아시는 그날에 평화가 찾아올 것인데 지금처럼 낮과 밤이 따로 있지 않고(슥 14:7) 영원한 빛, 무한한 광채, 변함없는 평화, 안전한 안식이 있을 것이다.

그날에 너는 "이 사망의 몸에서 누가 나를 건져내랴"(롬 7:24)라고 말하지 않고, "머무는 것이 내게 화로다"(시 120:5)라고 탄식하지도 않을 것이다.

죽음이 거꾸로 내동댕이쳐지고, 실패할 수 없는 구원이 있으며, 더는 염려가 없고, 지극한 기쁨과 달콤하고 영광스런 교제가 있을 것이기 때문이다.

|3| 하늘에 있는 성도들이 예전에 세상에서는 멸시받을 만하고 살 가치조차 없어 보였으나 지금은 영원한 면류관을 쓰고 큰 영광과 기쁨을 누리는 것을 본다면, 너는 현세에서 단 한 사람에게게라도 명령하는 위치에 있지 않고 오히려 바닥에 엎드리기까지 자신을 낮출 것이다.

그러면 이 세상에서 즐거운 날을 바라지 않고 오히려 하나님을 위해 고난받기를 기뻐하며 사람들 사이에서 아무것도 아니게 여겨지는 것을 너의 가장 큰 유익으로 여길 것이다.

4 네가 이것들을 기뻐하고 즐거워하며 네 마음 깊은 곳에 둔다면 어떻게 한 번이라도 불평하겠느냐? 영생을 위해 모든 고통스러운 수고를 견뎌야 하지 않겠느냐?

하나님나라를 잃거나 얻는 것은 결코 작은 일이 아니다. 그러니 네 얼굴을 들어 하늘을 향하라. 나를 보고 나와 함께 있는 모든 성도를 보라. 이들은 세상에서 큰 싸움을 했으나 이제는 기뻐하며, 위로받고, 안전과 안식을 누리며, 내 아버지의 나라에서 영원토록 나와 함께할 것이다.

48 CHAPTER

영원한 날과
이생의 고난에 관하여

[1] 제자의 말

위에 있는 천성(天城)의 지극히 복된 처소(계 21:2)여! 밤이 어
둡게 하지 못하고 가장 높은 진리가 늘 빛나는 지극히 밝은
영원한 날이여! 늘 기쁨이 넘치고, 늘 안전하며, 결코 정반대
로 변하지 않는 날이여!

그날이 오고 덧없는 이 모든 것은 끝나면 좋으련만! 그날이
성도들에게는 영원한 빛으로 밝게 빛나지만, 이 땅의 순례자
들에게는 거울에 비치듯이 희미하게 보일 뿐입니다.

[2] 하늘 시민들은 그날이 얼마나 기쁜지 알지만, 추방당한
하와의 자녀들은 이생의 쓰라림과 지루함에 탄식합니다. 이

생의 날은 짧고 악하며(욥 7장) 슬픔과 탄식으로 가득합니다.

이 땅에서 인간은 많은 죄로 더럽혀져 있고, 많은 정욕에 사로잡혀 있으며, 많은 두려움에 단단히 매여 있고, 많은 근심에 시달리고, 많은 호기심에 마음이 산만합니다. 또한 많은 허영에 빠져 있고, 많은 오류에 둘러싸여 있고, 많은 수고에 탈진해 있으며, 유혹에 짓눌려 있고, 쾌락에 쇠약해져 있으며, 궁핍에 고통받고 있습니다.

$\boxed{3}$ 언제 이 모든 악이 끝나겠습니까? 저는 언제 죄의 비참한 속박에서 벗어나겠습니까(롬 7:24)? 주님, 저는 언제 주님만 생각하겠습니까(시 71:16)? 언제 주님을 온전히 기뻐하겠습니까?

언제 아무 방해도 받지 않고 몸과 마음이 전혀 고통받지 않은 채 참 자유를 누리겠습니까? 저는 언제나 견고한 평안, 안전하고 방해받지 않는 평안, 내적 평안과 외적 평안, 모든 면에서 보장된 평안을 누리겠습니까?

자비로운 예수님, 언제 제가 서서 주님을 보겠습니까? 언제 제가 주님 나라의 영광을 묵상하겠습니까? 언제 주님이 제 모든 것이 되시겠습니까? 언제 제가 주님의 나라에서, 주님이 주님의 사랑하는 자들을 위해 영원 전부터 예비하신 나라에서 주님과 함께하겠습니까? 저는 원수들의 땅, 날마다 전쟁과 큰 불행이 그치지 않는 땅에 버려진 가련한 유배자입니다.

4   제가 온 마음으로 탄식하며 주님을 바라오니 유배자인 저를 위로하시고 슬픔을 가라앉히소서. 이 세상이 저를 위로하겠다며 제시하는 것은 하나같이 무거운 짐이기 때문입니다.

저는 내면에서 주님을 더없이 즐거워하고 싶지만 그런 상태에 이르지 못합니다. 하늘의 것에 온전히 집중하고 싶지만 일시적인 것들과 죽지 않은 욕망이 저를 짓누릅니다. 마음으로는 모든 것을 초월하고 싶지만 육신이 저의 의지를 거슬러 이것들에 굴복합니다.

그러기에 저는 불행한 사람입니다(롬 7:24, 8:23). 제 영혼은 위에 있고 싶어 하고 제 육신은 아래에 있고 싶어 하기에, 제가 저 자신과 싸우고 저 자신에게 무거운 짐이 됩니다.

5   제가 마음으로 하늘의 것들을 생각하고 기도할 때도 육신의 공상이 수없이 일어나니 마음이 너무 괴롭습니다. 나의 하나님, 제게서 멀리 떠나지 마시고, 진노하사 주님의 종에게서 얼굴을 돌리지 마소서(시 72:12).

내 아들아, 모든 상황에서 내 약속을 기억하며 힘과 위로를 얻어라

번개를 보내어 제 육신의 공상을 흩으소서. 주님의 화살을 쏘아 원수가 일으키는 온갖 공상을 쫓으소서. 저의 지각을 모두 모아 주님에게 집중시키소서. 제가 세상적인 것을 모두 잊고, 모든 악한 상상을 속히 꾸짖어 쫓아내게 하소서.

영원한 진리시여, 제가 그 어떤 헛된 것에도 흔들리지 않도록 도우소서. 하늘의 향기시여, 제게 오사 모든 더러운 것이 주님의 눈앞에서 달아나게 하소서. 또한 제가 기도하면서 이따금 주님 외에 다른 것을 생각할 때, 저를 용서하시고 자비로 저를 온유하게 대하소서.

진정으로 고백하건대, 저는 아주 산만합니다. 많은 경우, 저는 제 몸이 서거나 앉아 있는 그곳에 있지 않고 제 생각이 이끄는 곳에 있습니다. 생각이 있는 곳에 제가 있습니다. 대개 제가 사랑하는 것이 있는 곳에 제 생각도 있습니다. 제가 본성적으로 기뻐하거나 습관을 통해 좋아하는 것이 너무나 쉽게 떠오릅니다.

6 이런 까닭에, 진리이신 주님은 "네 보물 있는 그곳에는 네 마음도 있느니라"(마 6:21)라고 아주 분명하게 말씀하셨습니다.

제가 하늘을 사랑하면 기꺼이 하늘의 것을 생각할 것입니다. 제가 세상을 사랑하면 세상의 번영을 기뻐하고 세상에서 겪는 고난을 슬퍼할 것입니다. 제가 육신을 사랑하면 육신을 기쁘게 하는 것을 자주 떠올릴 것입니다. 제가 영혼을 사랑하면 영적인 것 생각하기를 기뻐할 것입니다. 제가 무엇을 사랑하든 기꺼이 그것에 대해 말하고 듣고 그것을 머릿속에 그리며 집으로 돌아올 것입니다.

그러나 주님, 주님 때문에 모든 피조물을 기꺼이 버리고, 자신의 본성을 혹독하게 다루며, 영혼의 열정을 통해 육신의 정욕을 십자가에 못 박는 사람은 복이 있습니다(마 19장). 그는 깨끗한 양심으로 주님께 순전한 기도를 드리고, 밖으로나 내면으로나 땅의 것을 제거해 천사들의 성가대에 받아들여지기에 합당해지려고 합니다.

49 CHAPTER

영생을 갈망하고 견디는 자에게
약속된 큰 상급에 관하여

┌─┐
│ 1 │ 사랑하는 주님의 말씀
└─┘

내 아들아, 영원한 복이 위에서 네게 내리기를 바라고, 회전하는 그림자도 없는 나의 빛을 보려고 육신의 장막 떠나기를 간절히 원한다면, 네 마음을 넓게 열고 온 열망을 다해 이 거룩한 영감(靈感)을 받아들여라.

너를 더없이 호의적으로 대하고, 너를 자비롭게 찾아오며, 너를 열렬히 고무시키고, 너를 강하게 붙들어 네가 너의 무게에 짓눌려 땅의 것에 넘어지지 않게 하는 하늘의 선하심에 더없이 감사하라.

이것은 너 자신의 생각이나 노력으로 얻은 것이 아니라 순전히 하늘의 은혜와 하나님의 은총이 임해서 얻은 것이다. 그

것을 주신 목적은 네가 모든 덕에서 더욱 진보하고 더 겸손해
지며, 앞으로 있을 싸움을 위해 자신을 준비하고, 온 마음을
다해 내게 붙어 있으려 노력하며, 뜨거운 열심으로 나를 섬기
게 하는 것이다.

2 ┐ 내 아들아, 불이 붙어 불길이 올라가면 흔히 연기가 생
긴다. 이처럼 어떤 사람들의 마음은 하늘의 것을 향해 불타지
만 육신의 정욕에서 오는 유혹에서 자유롭지 않다. 그러므로
이들이 하나님께 진심으로 간구하더라도 순전히 하나님을 높
이려는 것이 아니다.

아주 진지하고 열심인 척하는 네 간구도 이와 같을 때가 많
다. 너 자신의 특별한 관심이나 이익과 섞인 간구는 순전하고
온전하지 못하기 때문이다.

3 ┐ 네게 기쁨을 주고 이로운 것을 구하지 말고, 내가 받아
들일 만하고 나를 더 영화롭게 할 만한 것을 구하라. 네가 바
르게 판단한다면 너 자신의 바람이나 네가 바라는 그 무엇보
다 나의 약속을 좋아하고 따라야 한다.

나는 네 소원을 알고 너의 잦은 신음을 들었다. 이제 너는
하나님의 아들들이 누리는 영광스러운 자유를 간절히 원하

며, 영원한 처소, 곧 모든 기쁨으로 충만한 하늘나라를 기뻐한다. 그러나 그때가 아직 오지 않았다. 아직 다른 때, 곧 전쟁의 때(욥 7:1), 수고와 시험의 때가 있다.

너는 최고의 선으로 가득하기를 바라지만, 지금은 그렇게 될 수 없다. 내가 최고의 선이다. 하나님나라가 임할 때까지 나를 기다려라.

4 너는 아직 땅에서 많은 연단과 훈련을 받아야 한다. 이따금 위로받을 때도 있지만, 차고 넘치는 위로를 받지는 못할 것이다.

그러므로 본성을 거스르는 일을 당할 때도 용기를 갖고 담대하라(수 1:7). 너는 새 사람을 입고(엡 4:24) 다른 사람이 되어야 한다. 네가 하기 싫은 일을 하고, 하고 싶은 일은 하지 않는 것이 네 의무일 때가 많다.

다른 사람들이 바라는 일은 잘 되겠지만 네가 바라는 일은 잘되지 않을 것이다. 다른 사람들의 말은 경청되겠지만 네 말은 무시될 것이다. 다른 사람들은 구하는 대로 받겠지만 너는 구해도 얻지 못할 것이다.

⌈ 5 ⌉ 다른 사람들은 크게 칭찬받겠지만 너는 한마디 말도 못 들을 것이다. 다른 사람들은 이런저런 일을 맡겠지만 너는 쓸 모없게 여겨질 것이다.

이런 일로 네 본성이 자주 괴롭겠지만 이것을 묵묵히 견디는 것은 훌륭한 일이다. 이것을 비롯해 이와 비슷한 많은 경우, 주님의 신실한 종은 모든 일에서 얼마나 자신을 부인하고 깨뜨릴 수 있는지 시험받을 것이다.

자신이 원치 않는 일을 보고 또 겪을 때만큼, 특히 네게 불편하거나 별로 이로워 보이지 않는 일을 하라고 명령받을 때만큼 자신에 대해 죽어야 하는 때도 없다.

네가 권세 아래 있어 더 높은 권세에 감히 저항하지 못하기 때문에 다른 사람의 명령을 따르고 너의 생각을 내려놓기가 어려워 보일 것이다.

⌈ 6 ⌉ 그러나 내 아들아, 네 수고의 열매를 생각하고, 마지막이 가까웠으며 상급이 아주 크다는 것을 생각하라. 그러면 너는 마지못해 참는 것이 아니라 네 인내로 큰 위로를 얻을 것이다. 지금 여기서 네 작은 뜻을 내려놓으면 천국에서 네 뜻이 늘 이루어질 것이기 때문이다.

그렇다. 거기서 너는 네가 원하는 것, 네가 바랄 수 있는 것을 모두 얻을 것이다. 거기서 너는 모든 좋은 것을 손에 넣을 것이며, 잃어버릴까봐 두려워하지도 않을 것이다. 거기서 네 뜻은 늘 내 뜻과 같을 것이며, 너는 외적이거나 사적인 것을 전혀 탐내지 않을 것이다.

거기서는 아무도 너를 대적하지 않고, 아무도 네게 불평하지 않으며, 아무도 너를 방해하지 않을 것이다. 거기서는 아무것도 네 길을 막지 않을 것이며, 오히려 바라는 모든 것이 다 있어서 네 기분이 새로워지고 감정이 충만해질 것이다.

거기서 나는 네가 여기서 받은 비난을 영광으로, 여기서 겪은 슬픔을 찬송의 옷으로, 여기서 선택한 가장 낮은 자리를 영원한 왕의 보좌로 바꿀 것이다.

거기서 순종의 열매가 열리고, 회개의 수고가 기쁨이 되며, 겸손한 복종이 영광의 면류관이 될 것이다.

┌ 7 ┐ 그러므로 지금 너 자신을 겸손히 낮추어 모든 사람 아래 있고, 누가 이것을 말했는지 또는 명령했는지 상관하지 말라. 그 대신 네 윗사람, 아랫사람, 또는 동료가 네게 무엇을 요구하거나 내심 바랄 때 좋게 받아들이고 그대로 해주려고 진심으로 노력하라.

이 사람은 이것을 구하고 저 사람은 저것을 구하도록 놔두어라. 이 사람은 이것을 자랑하고 저 사람은 저것을 자랑하며 숱하게 칭찬받도록 놔두어라.

그러나 너는 이것도 저것도 기뻐하지 말고 너 자신을 낮추고 오직 나만 즐거워하고 높이기를 기뻐하라. 너의 바람은 네가 살든지 죽든지 하나님이 네 안에서 늘 영광을 받으시는 것이어야 한다.

하나님께 진심으로 간구하더라도 순전히 하나님을 높이려는 것이 아니다
자신의 특별한 관심이나 이익과 섞인 간구는 온전하지 못하기 때문이다

50

어떻게 하나님의 손에
자신의 인생을 맡길까

---

1 제자의 말

주 하나님, 거룩한 아버지, 지금과 영원히 찬양을 받으소서. 주님이 뜻하시면 그대로 이루어지고 주님이 하시는 일은 언제나 선하기 때문입니다.

주님의 종이 저 자신이나 다른 어떤 것도 기뻐하지 않고 주님만을 기뻐하게 하소서. 주님, 주님만이 참 기쁨이고, 저의 소망이요 면류관이며, 저의 즐거움이요 영광이시기 때문입니다.

주님의 종이 가진 것 중에 주님에게, 그것도 아무 공로 없이 받지 않은 것이 있습니까(고전 4:7)? 주님이 주신 것과 주님이 지으신 것이 모두 다 주님의 것입니다.

저는 어릴 때부터 가난하고 고난을 당하였으며(시 88:15), 때로 제 영혼이 슬퍼 눈물까지 흘립니다. 때로는 제 영혼이 고난 때문에 불안해합니다.

[2] 저는 평안이 주는 기쁨을 갈망하고, 주님이 위로의 빛으로 먹이시는 자녀들이 누리는 평안을 진심으로 열망합니다. 주님이 평안을 주시고 제 마음에 거룩한 기쁨을 부으시면 종의 영혼이 노래로 가득하고 주님을 진심으로 찬양할 것입니다.

그러나 자주 그러하시듯 주님이 물러나신다면 주님의 종은 주님의 계명의 길로 달려갈 수 없을 것이고, 오히려 무릎을 꿇고 가슴을 칠 것입니다. 지금은 과거에 주님의 등불이 그의 머리를 비추고 그가 주님의 날개 그늘 아래 숨어서 그를 공격하는 유혹으로부터 보호받았던 때와 다르기 때문입니다.

[3] 영원히 찬양받으실 의로운 아버지, 주님의 종이 시험을 치를 때가 왔습니다. 사랑하는 아버지, 지금 종이 주님을 위해 고난받는 것은 정의롭고 옳은 일입니다.

영원히 높임을 받으실 아버지, 주님이 영원 전부터 오리라고 알고 계셨던 그때가 왔습니다. 주님의 종이 잠시 외적으로는 억눌리겠지만 내적으로 영원히 주님과 함께 살 때가 왔습니다.

주님의 종이 잠시 무시와 수치를 당하고, 사람들이 보기에 실패하며, 고난과 연약함 가운데 버려져도 괜찮습니다. 주님의 종이 새벽이 밝을 때 주님과 함께 일어나 하늘에서 영광을 받을 것이기 때문입니다.

거룩하신 아버지, 주님이 이렇게 정하셨고 뜻하셨습니다. 그래서 주님이 명하신 대로 이루어질 것입니다.

[4] 누구에게 이런 일이 일어나도록 주님이 얼마나 자주 허락하시든지, 주님의 친구가 주님을 사랑하기에 세상에서 고난받고 고통당하는 것은 주님이 그에게 베푸시는 호의입니다. 이 땅에서 주님의 계획과 섭리 없이, 이유 없이 일어나는 일은 없습니다.

주님, 주님이 저를 낮추시는 것이 제게 유익합니다(시 119:71). 이로써 제가 주님의 의로운 심판을 배우고 마음의 모든 교만과 모든 뻔뻔함을 버리게 되기 때문입니다.

수치가 얼굴을 덮는 것이 제게 유익합니다. 이로써 제가 사람이 아니라 주님에게서 위로를 구하게 되기 때문입니다. 이로써 저는 의인을 악인과 함께 괴롭게 하시되 거기에 공평과 정의가 있게 하시는 주님의 헤아릴 수 없는 심판을 두려워하는 법도 배웠습니다.

[5] 주님이 저의 죄를 간과하지 않으시고 저를 호되게 채찍질하시고 제게 슬픔을 주시며 안팎으로 염려를 안기셨으니 감사합니다.

영혼을 치료하는 하늘의 의사이신 주 나의 하나님, 하늘 아래 저를 위로하실 분은 당신뿐이십니다. 당신은 때리시고 싸매시며, 지옥에 내렸다가 다시 건져 올리십니다(욥 13:2 ; 시 18:16). 주님의 징계가 제게 임하고 주님의 회초리가 저를 가르칠 것입니다.

[6] 사랑하는 아버지여, 보소서. 저는 당신의 손 안에 있으며, 당신이 드신 징계의 채찍 아래 몸을 굽힙니다. 제 등과 목까지 치셔서 제가 고집스러운 마음을 내려놓고 주님의 뜻을 따르게 하소서.

주님의 원대로 저를 주님의 충실하고 겸손한 제자로 삼아 주님의 기쁜 뜻에서 나오는 모든 명령에 순종할 준비를 갖추게 하소서. 저와 제 모든 것을 주님께 맡기니 바로잡아주소서. 지금 벌 받는 것이 죽은 후에 벌 받는 것보다 낫습니다.

주님은 모든 것을 전체적으로 아시고 하나하나를 개별적으로도 아시기에, 사람의 양심에 있는 그 무엇도 주님을 피해 숨을 수 없습니다. 주님은 일이 일어나기도 전에 그 일이 일어날 것을 아시기에, 땅에서 일어나는 일에 대해 누구에게도 가르침이나 경고를 받으실 필요가 없습니다.

주님은 저의 영적 진보에 유익한 것이 무엇이며 환난이 제 죄의 녹을 벗겨내는 데 얼마나 크게 기여할지 아십니다. 주님은 그 누구보다 저를 철저하고 분명하게 아시오니, 주님의 선한 뜻을 따라 제게 행하시고, 죄로 가득한 제 삶 때문에 저를 멸시하지 마소서.

7 주님, 제가 알아야 할 것을 알게 하시고, 사랑해야 할 것을 사랑하게 하시며, 주님을 더없이 기쁘게 하는 것을 찬양하게 하시고, 주님에게 소중한 것을 높이 평가하게 하시며, 주님의 눈에 경멸스러운 것을 멸시하게 하소서.

제가 눈에 보이는 대로 판단하지 않고 무지한 자들의 귀에 들리는 대로 판결하지 않게 하소서. 오히려 보이는 것과 영적인 것을 분별하는 진정한 판단력을 가지고, 무엇보다도 주님의 선하고 기쁜 뜻을 늘 찾게 하소서.

[8] 판단할 때 사람의 마음은 속기 일쑤입니다. 세상을 사랑하는 자들도 보이는 것만 사랑하기에 속기 쉽습니다. 사람이 사람에게 높이 평가받는다고 더 나아지는 것이 있습니까?

속이는 자가 속이는 자에게 아첨하면서, 헛된 자가 헛된 자를 격찬하면서, 눈먼 자가 눈먼 자를 칭송하면서, 약한 자가 약한 자를 칭찬하면서 속입니다. 상대방을 헛되이 칭송하면서 더 수치스럽게 할 뿐입니다. 겸손한 성 프란시스가 말했듯이 "모든 사람은 주님의 눈에 보이는 그대로일 뿐 그 이상이 아니기 때문입니다."

주님의 신실한 종은 모든 일에서
얼마나 자신을 부인하고 깨뜨릴 수 있는지 시험받을 것이다

51 CHAPTER

큰일이 힘에 부칠 때는
작은 일을 해야 한다

┌ 1 ┐ 사랑하는 주님의 말씀

내 아들아, 너는 늘 더 뜨거운 열정으로 덕을 추구할 수 없으며 줄곧 더 높은 묵상에 머물 수도 없다. 너는 근원적 부패 때문에 때로는 어쩔 수 없이 저급한 것들로 내려가야 하며, 원하지 않고 넌더리가 나도 부패한 삶의 짐을 져야 한다.

죽을 육신을 입고 있는 한, 네 마음이 지치고 무거울 것이다. 그러므로 너는 육신을 입고 있는 동안 육신의 짐에 이따금 탄식할 수밖에 없다. 영적 훈련과 하나님에 대한 묵상을 늘 계속할 수가 없기 때문이다.

2 이럴 때, 내가 너를 다시 찾아와 모든 근심에서 자유롭게 할 때까지 너는 비천하고 외적인 일들로 도망쳐 선한 행위로 자신을 새롭게 하고, 내가 하늘로부터 내려와 너를 찾아올 것을 확신하고 기다리고, 너의 유배 생활과 마음의 메마름을 인내하며 견뎌야 한다. 내가 너로 이전의 고통을 잊고 내면의 평안을 누리게 할 것이기 때문이다.

내가 네 앞에 성경의 즐거운 풀밭을 펼치리니 너는 부푼 가슴으로 내 계명의 길을 달려가기 시작할 것이다. 너는 이렇게 말할 것이다. "현재의 고난은 장차 우리에게 나타날 영광과 비교할 수 없도다"(롬 8:18).

52 CHAPTER

자신이 위로보다는
징벌을 받아 마땅하다고 생각하라

[1] 제자의 말

오 주님, 저는 주님의 위로를 받을 자격이 없고 그 어떤 영적 방문을 받을 자격도 없습니다. 그러므로 주님이 저를 가련하고 외롭게 두시는 것은 정당한 처사입니다. 설령 제 눈물이 바다를 이룬다 해도 저는 주님의 위로를 받을 자격이 없기 때문입니다.

슬프게도 제가 자주 주님을 진노하게 했고 많은 일에서 크게 범죄했기 때문에 저는 그저 징벌을 받아 마땅합니다. 그러므로 모든 것을 합당하게 고려할 때 저는 지극히 작은 위로조차 받을 자격이 없습니다.

그러나 은혜롭고 자비로운 하나님, 주님은 주님의 일이 물

거품 되기를 원치 않으시기에 자비의 그릇에 담긴 주님의 풍성한 선을 보이시려고 자격 없는 주님의 종에게 사람의 방식을 초월해 위로를 베푸십니다. 주님의 위로는 사람의 말과 다르기 때문입니다.

[2] 주님, 제가 무엇을 했다고 하늘의 위로를 내려주십니까? 저는 도무지 선을 행한 기억이 없고 늘 죄짓기 일쑤였으며 잘못을 고치는 데 느렸던 기억뿐입니다. 이것은 제가 부정할 수 없는 사실입니다. 제가 달리 말한다면, 주님이 제게 맞서실 것이고(욥 9:2,3) 아무도 저를 변호하지 못할 것입니다.

제가 저의 죄에 대해 받아 마땅한 것이 지옥과 영원한 불이 아니면 무엇이겠습니까? 아주 진실하게 고백하건대, 저는 모든 멸시와 경멸을 받아 마땅할 뿐 주님의 신실한 종의 하나로 기억되기에 전혀 합당치 않습니다.

비록 이런 말을 듣고 싶지 않지만 그래도 진실을 밝혀야겠기에 저를 거슬러 제 죄를 드러내겠습니다. 주님의 자비를 한 시라도 빨리 얻기 위해서입니다.

[3] 제가 유죄이고 온통 혼란한 지경인데 무슨 말을 하겠습니까? 제 입술은 이 한마디만 할 수 있을 뿐입니다. "주님, 제

가 죄를 지었습니다. 제가 죄를 지었습니다(시 51편). 저를 불쌍히 여기시고, 저를 용서하소서."

제가 어둡고 죽음의 그늘진 땅(욥 10:21)에 들어가기 전에 잠시 슬픔을 탄식하게 하소서. 비참한 죄인이 죄를 회개하고 자신을 낮추는 것 외에, 주님이 그에게 무엇을 더 요구하시겠습니까?

진정으로 회개하고 마음을 낮출 때 용서받을 희망이 생기고, 고통당하는 양심이 하나님과 화해하며, 잃어버린 하나님의 은혜가 회복되고, 다가오는 진노에서 벗어나며, 하나님과 회개하는 영혼이 거룩한 입맞춤으로 만납니다.

┌─┐
│ 4 │ 주님, 겸손하게 죄를 회개하는 것은 주님이 받으실 만
└─┘
한 제사이며(시 51:17), 주님 앞에서 유향보다 훨씬 향기롭습니다. 이것은 주님의 거룩한 발에 붓는 향유이기도 합니다(눅 7:38). 주님은 상하고 통회하는 마음을 결코 멸시하지 않으시기 때문입니다(시 51:17).

여기 원수의 화난 얼굴을 피할 피난처가 있습니다. 다른 곳에서 그 무엇에 더럽혀지고 오염되었더라도 여기서 모두 바로잡히고 깨끗이 씻깁니다.

53 CHAPTER

땅의 것을 사랑하는 자는
하나님의 은혜를 받을 수 없다

┌─1─┐ 사랑하는 주님의 말씀

내 아들아, 나의 은혜는 너무나 귀중한 것이니 외적인 것들이나 땅의 위로와는 섞일 수 없다. 그러므로 은혜를 받고 싶다면 은혜를 막는 모든 장애물을 제거해야 한다.

너는 은밀한 곳을 선택하고, 그곳에 혼자 있기를 좋아하며, 누구와의 대화도 바라지 말고, 하나님께 신실한 기도를 쏟아 놓음으로 회개하는 마음과 깨끗한 양심을 유지하라.

세상을 아무것도 아니라고 여기고, 모든 외적인 것보다 하나님께 집중하기를 더 선호하라. 나에게 집중하는 동시에 덧없고 일시적인 것을 기뻐할 수는 없기 때문이다.

지인들과 친구들을 떠나고(마 19:29), 현세의 위로가 네 마음을 채우지 못하게 해야 한다. 그래서 복된 베드로 사도는 그리스도를 믿는 자들은 세상에서 자신을 나그네요 순례자로 여겨야 한다고 했다(벧전 2:11).

☐ 2 ☐ 오, 세상에서 땅의 것에 전혀 애착을 두지 않는 사람은 죽을 때 얼마나 큰 확신을 갖겠느냐! 그러나 병든 마음은 모든 것을 버린 마음을 이해하지 못하고, 육적인 사람은 영적인 사람이 누리는 자유를 알지 못한다.

그렇더라도, 진정으로 영적인 사람이 되려 하면 자신과 가까운 사람들뿐 아니라 먼 사람들도 포기하고, 그 누구보다 자기 자신을 조심해야 한다. 네가 자신을 완전히 극복한다면, 다른 모든 것을 아주 쉽게 지배할 수 있을 것이다.

완전한 승리는 자신을 이기는 것이다. 자신을 이기는 사람은 정욕을 이성에 복종시키고, 모든 일에서 자신의 이성을 나에게 복종시키기 때문이다. 이런 사람은 진정으로 자신을 정복한 사람이요 세상의 주인이다.

3 이런 수준에 오르기를 바란다면 용기 있게 시작하여 도끼로 뿌리를 찍어서, 지나치게 자신으로 기울어지는 은밀한 성향과 사적이고 세상에서 좋은 것들에 대한 모든 사랑을 잘라버려야 한다.

자신을 지나치게 사랑하는 이 죄에서 거의 모든 것이 비롯되는데, 그게 무엇이든 철저히 극복해야 한다. 이런 악을 이기고 정복하면 곧 큰 평안과 고요가 찾아올 것이다.

그러나 자신에 대해 완전히 죽고 자신에게서 완전히 벗어나려 노력하는 사람이 거의 없고, 그래서 여전히 자신에게 매여 있고 영적으로 자신을 넘어서지 못한다.

자유롭게 나와 동행하기를 갈망하는 사람은 뒤틀리고 무절제한 애착을 모두 죽여야 하며, 그 어떤 피조물에도 특별한 사랑으로 집착하려 해서는 안 된다.

은밀한 곳을 선택하고, 그곳에 혼자 있기를 좋아하며
모든 외적인 것보다 하나님께 집중하기를 더 선호하라

54 CHAPTER

본성과 은혜의
다른 움직임에 관하여

☐ 1 ☐ 사랑하는 주님의 말씀

내 아들아, 본성과 은혜의 움직임을 부지런히 살펴라. 둘은 정반대로 미묘하게 움직이며, 내면에 영적으로 비췸을 받은 사람 외에는 거의 구별하지 못하기 때문이다.

모든 사람이 선한 것을 바라고, 말과 행동에서 얼마간 선한 척한다. 그러므로 많은 사람이 이런 선한 겉모습에 속는다.

본성은 교활하고, 많은 사람을 유혹해 옭아매어 속이며, 늘 자신의 목적을 이루려 한다.

반면에 은혜는 단순하게 행하고, 악은 겉모양이라도 버리며, 속이려 하지 않고, 모든 것을 순전히 하나님을 위해서 하며, 마침내 하나님 안에서 안식한다.

﹂2﹁ 본성은 죽으려 하지 않고, 억눌리지 않으려 하며, 지기 싫어하고, 그 누구에게도 복종하려 하지 않으며, 기꺼이 지배 당하려 하지도 않는다.

반면에 은혜는 자신을 죽이려고 애쓰며, 육신의 정욕에 저항하고, 복종하려 하고, 기꺼이 다스림을 받으려 하며, 자신의 자유를 사용하려 하지 않는다. 은혜는 훈련받기를 좋아하며, 그 누구도 지배하려 들지 않고, 언제나 하나님 아래 살며 거기 머물고 하나님을 위해 모든 사람에게 겸손히 엎드릴 준비가 되어 있다.

본성은 자기 이익을 위해 애쓰고 다른 사람에게서 무슨 이익을 얻어낼까 생각한다. 은혜는 무엇이 자신에게 이롭고 편리할지 생각하지 않고 오히려 무엇이 많은 사람에게 유익할지를 생각한다.

본성은 영예와 존경을 받으려 하지만, 은혜는 모든 존귀와 영광을 신실하게 하나님께 돌린다.

﹂3﹁ 본성은 수치와 멸시를 두려워하지만, 은혜는 예수님의 이름을 위해 비난받는 것을 기뻐한다. 본성은 한가로움과 몸의 휴식을 좋아하지만, 은혜는 빈둥거릴 수 없고 수고를 즐겁게 받아들인다.

본성은 특이하고 아름다운 것을 구하고 조잡한 싸구려를 싫어한다. 그러나 은혜는 초라하고 소박한 것을 기뻐하며, 변변찮은 것을 멸시하지 않고, 낡고 기운 것을 입는 것도 마다하지 않는다.

본성은 일시적인 것에 주목하고, 세속적인 유익을 기뻐하며, 손해를 보면 슬퍼하고, 귀에 조금만 거슬리는 말을 들어도 화를 낸다. 그러나 은혜는 영원한 것에 주목하고, 일시적인 것에 집착하지 않고, 손해를 보더라도 괴로워하지 않으며, 듣기 거북한 말에도 마음 상하지 않는다. 그는 자신의 보화와 기쁨을 아무것도 썩지 않는 하늘에 두었기 때문이다.

⎾ 4 ⏋ 본성은 탐욕스럽고, 주기보다 받기를 좋아하며, 사적인 것과 자기 것이라고 부를 수 있는 것을 갖고 싶어 한다. 그러나 은혜는 친절하고 소통을 잘하며, 사적인 이익을 피하고, 적은 것에 만족하고, 받는 것보다 주는 것을 복되다고 여긴다.

본성은 사람이 피조물과 자기 몸과 헛된 것들로 기울게 하고, 이리저리 뛰어다니게 한다. 그러나 은혜는 하나님과 모든 덕에 끌리고, 피조물을 포기하고, 말을 피하며, 육신의 정욕을 미워하고, 방황하며 돌아다니기를 자제하고, 사람들 앞에 드러나기를 부끄러워한다.

본성은 감각적 즐거움을 줄 외적인 위로를 얻으려 한다. 그러나 은혜는 오직 하나님에게서 위로를 구하고, 눈에 보이는 모든 것보다 최고의 선을 기뻐한다.

[5] 본성은 모든 것을 자신에게 득이 되고 이롭도록 관리하기 때문에 대가 없이는 아무것도 할 수 없고, 모든 친절에 대해 그와 같거나 더 좋은 것, 또는 최소한 칭찬이나 호의를 바라며, 자기 행위와 선물이 높이 평가되기를 간절히 바란다.

반면에 은혜는 일시적인 것을 구하지 않고, 하나님 한 분 외에 다른 어떤 상도 바라지 않으며, 일시적인 것은 영원한 것을 얻는 데 꼭 필요한 만큼만 구한다.

[6] 본성은 친구와 친척이 많은 것을 기뻐하고, 훌륭한 지위와 혈통을 자랑하고, 힘 있는 자들에게 미소 짓고, 부자들에게 아첨하며, 자신과 같은 자들에게 갈채를 보낸다.

반면에 은혜는 원수까지 사랑하고, 친구가 많다고 우쭐대지 않으며, 더 높은 덕과 연결되지 않으면 훌륭한 혈통을 대단하게 생각하지 않는다. 부자보다 가난한 자를 좋아하고, 힘 있는 자보다 깨끗한 자를 동정하며, 속이는 자가 아니라 진실한 자와 함께 기뻐한다. 은혜는 선한 사람들에게 가장 좋은 선물을 위해 수고하고 모든 덕을 통해 하나님의 아들을 닮아가라고 늘 권면한다.

본성은 부족한 것이 있거나 어려움이 닥치면 바로 불평하지만, 은혜는 형편이 어렵더라도 견실하고 변함없는 자세로 이겨낸다.

[7] 본성은 모든 것을 자신과 연관시키고, 자신을 위해 애쓰고 노력한다.

반면에 은혜는 모든 것을 그 근원이신 하나님께 돌리고, 그 어떤 선도 자신에게 돌리지 않으며, 오만하게 굴거나 다투거나 다른 사람들의 의견보다 자기 의견을 앞세우지 않는다. 오히려 분별과 이해가 필요한 모든 일에서 영원한 지혜와 하나님의 판단에 자신을 맡긴다.

본성은 비밀을 알고 싶어 하고 새로운 것을 듣고 싶어 한다. 자신을 널리 드러내고 자신의 감각으로 많은 것을 직접 확인해보는 것을 좋아하며, 주목받고 자신에게 칭찬과 찬사가 돌아오는 일을 하고 싶어 한다.

반면에 은혜는 새로운 것을 듣거나 궁금한 일들을 이해하는 데 관심이 없다. 땅 위에 새로운 것도, 영원한 것도 없으므로 이 모두는 인간의 옛 타락에서 비롯되기 때문이다.

그러므로 은혜는 감각을 억제하고, 헛된 자기만족과 겉치레를 멀리하며, 칭찬과 찬사받을 만한 것을 겸손하게 숨기고, 모든 일과 지식에서 유익한 열매와 하나님이 주시는 칭찬과 영광을 구하라고 가르친다.

은혜는 자신이나 자신에게 속한 것이 칭찬받기를 원치 않고, 순전한 사랑으로 모든 것을 주시는 하나님께서 그분의 선물 가운데 찬송 받으시기를 원한다.

8 이 은혜는 초자연적인 빛이고, 하나님의 특별한 선물이며, 택함 받은 자들의 고유한 표시이고, 영원한 구원의 보증이다. 은혜는 사람이 땅의 것을 버리고 하늘의 것을 사랑하게 하며, 육의 사람을 영의 사람으로 바꾼다.

그러므로 본성이 억제되고 정복될수록 더 큰 은혜가 임하고, 속사람이 새로운 은혜를 통해 날마다 하나님의 형상을 더 닮아간다.

본성과 은혜는 정반대로 미묘하게 움직인다
본성이 억제되고 정복될수록 더 큰 은혜가 임하고,
속사람이 날마다 하나님의 형상을 더 닮아간다

55 CHAPTER

본성의 부패와
은혜의 효력에 관하여

☐ 1 ☐ 제자의 말

주님의 형상과 모양대로 저를 창조하신 주 나의 하나님(창 1:26), 주님이 보여주신 바와 같이 너무나 크고 구원에 꼭 필요한 바로 그 은혜를 제게 베풀어주소서. 그리하여 저의 가장 악한 본성, 곧 저를 죄와 멸망으로 이끄는 본성을 이기게 하여주소서.

제 육신 속에서 죄의 법과 제 마음의 법이 싸우며(롬 7:23) 저를 사로잡아 많은 일에서 정욕에 굴복하게 하는 것을 느끼지만, 주님의 거룩한 은혜, 제 마음에 뜨겁게 부어지는 그 은혜가 저를 돕지 않으면 이 정욕에 저항할 수 없기 때문입니다.

⌈ 2 ⌉ 주님, 어려서부터 늘 악으로 기우는 본성을 이기려면 주님의 은혜가, 그것도 아주 큰 은혜가 필요합니다(창 8:21).

첫 사람 아담을 통해, 죄 때문에 본성이 타락하고 부패했으며 그 형벌이 모든 인류에게 대물림되었습니다. 그래서 주님이 선하고 바르게 창조하신 '본성' 자체가 이제 죄로 여겨지고 부패하고 병든 본성으로 받아들여집니다. 본성을 그대로 두면 악하고 저급한 것들로 기울기 때문입니다.

남아 있는 작은 능력은 잿더미에 묻힌 작은 불씨 같습니다. 이것이 자연 이성인데, 큰 어둠에 에워싸여 있으나 그래도 참과 거짓, 선과 악을 구별하는 능력이 있습니다. 그렇더라도 자연 이성은 자신이 인정하는 모든 것을 성취하지 못하고, 완전한 진리의 빛을 더는 누리지 못하며, 건강한 성정(性情)도 갖지 못합니다.

⌈ 3 ⌉ 나의 하나님, 이런 까닭에 저는 속사람으로는 주님의 법을 즐거워하고(롬 7:22), 주님의 계명이 선하고 의로우며 거룩하다는 것을 알고, 모든 악과 죄를 꾸짖으며, 또한 모든 악과 죄를 피하라고 가르칩니다.

그러나 제가 이성보다 감성에 복종하는 동안, 육신으로는 죄의 법을 섬깁니다. 이런 까닭에, 저는 선을 행하려는 의지는 있으나 어떻게 선을 행해야 하는지 모릅니다. 그래서 저는 종종 선한 일을 계획하지만 저의 연약함을 돕는 은혜가 없어서 가벼운 저항에도 물러나 움츠리기 시작합니다.

저는 완전에 이르는 길을 알고 어떻게 행동해야 하는지도 아주 분명하게 알지만, 저 자신의 부패에 무겁게 짓눌려 완전한 것을 향해 일어나지 못합니다.

4 주님, 제가 무엇이든 선한 일을 시작하고 진행하며 완수하려면 주님의 은혜가 절실히 필요합니다. 주님의 은혜가 없으면 아무것도 할 수 없지만(요 15:5), 주님의 은혜가 제게 힘주시면 주님 안에서 모든 것을 할 수 있기 때문입니다.

오, 진정한 천상의 은혜여! 은혜가 없으면 저희의 가장 값진 행동이라도 아무것도 아니며, 그 어떤 천부적인 재능도 높이 평가받지 못합니다.

주님, 주님의 은혜가 없으면 빼어난 솜씨나 재물, 아름다움이나 힘, 비범한 재능이나 유창한 언변이 주님 앞에서 아무 가치도 없습니다. 천부적인 재능은 착한 사람과 악한 사람이 다 받지만, 은혜와 사랑은 택함을 받은 자들만 받는 특별한 은사이며 이 존귀한 표지를 지닌 자들은 영생을 얻기에 합당한 자로 여김을 받기 때문입니다.

이 은혜가 너무도 귀하기에, 은혜가 없으면 예언의 은사도, 기적을 행하는 은사도, (더없이 높은) 그 어떤 사색의 은사도 가치가 없습니다. 사랑과 은혜가 없으면 믿음이나 소망까지도, 다른 어떤 덕도 주님에게 열납될 수 없습니다(고전 13:13).

5 오, 은혜가 마음이 가난한 자를 덕에 부유하게 하며, 많은 재물로 부유한 자를 겸손하게 하시는 가장 복된 은혜여! 제게 내려오소서. 오셔서 주님의 위로로 어서 저를 채우사 제 영혼이 지치고 메말라 쓰러지지 않게 하소서.

주님, 주님께 구하오니, 제가 주님 앞에 은혜를 입게 하소서. 비록 본성이 갈망하는 다른 것들을 얻지 못하여도 주님의 은혜면 충분하기 때문입니다.

비록 제가 많은 환난으로 시험과 괴로움을 당하더라도, 주님의 은혜가 함께하는 한, 저는 해(害)를 두려워하지 않을 것입니다(시 23:4). 이것만이 저의 힘이고, 이것만이 조언과 도움을 줍니다. 이것이 모든 원수보다 강하고, 모든 지혜자보다 지혜롭습니다.

⌐6⌐ 주님의 은혜는 진리를 가르치는 교사요, 훈육하는 스승이요, 마음의 빛이요, 고난 중의 위로요, 슬픔을 몰아내는 자요, 두려움을 내쫓는 자요, 신앙을 돌보는 자요, 눈물의 어머니입니다.

은혜가 없으면 저는 마른 가지일 뿐이며 내버려야 할 무익한 줄기일 뿐입니다! 하오니 주님, 주님의 은혜가 언제나 저를 앞뒤로 두르고, 제가 주님의 아들 예수 그리스도를 통해 선한 일에 늘 힘쓰게 하소서. 아멘.

주님, 제가 무엇이든 선한 일을 시작하고 진행하며
완수하려면 주님의 은혜가 절실히 필요합니다

56 CHAPTER

자기를 부인하고 십자가를 통해
그리스도를 본받아야 한다

---

[1] 사랑하는 주님의 말씀

내 아들아, 네가 자신에게서 벗어날수록 내 속으로 더 깊이 들
어올 수 있다. 외적인 것들에 대한 욕망을 모두 비우면 내적
평안이 생겨나듯이, 내적으로 자신을 버리면 하나님과 연합
하게 된다.

네가 반박이나 불평 없이 너 자신을 나의 뜻에 완전히 맡기
는 법을 배우게 하겠다. 나를 따르라. "내가 곧 길이요 진리요
생명"(요 14:6)이니라. 길이 없으면 갈 수 없고, 진리가 없으면
알지 못하며, 생명이 없으면 살 수 없다.

나는 네가 따라야 하는 길이요, 네가 신뢰해야 하는 진리요,
네가 소망해야 하는 생명이다. 나는 범할 수 없는 길이요, 오

류가 없는 진리요, 무한한 생명이다. 나는 가장 곧은 길이요, 가장 높은 진리요, 참되고 복되며 창조되지 않은 생명이다.

내 길에 거하면 진리가 너를 자유하게 하며, 너는 진리를 알고 영생을 얻을 것이다.

2 네가 생명에 들어가기 원한다면 계명을 지켜라(마 19:17). 진리를 알기 원한다면 나를 믿어라. 완전해지기 원한다면 모든 것을 팔아라(마 19:21).

내 제자가 되려면 자신을 부인하라(눅 9:23). 복된 삶을 살려면 현세의 삶을 멸시하라. 하늘에서 높임을 받으려면 이 세상에서 자신을 낮춰라(요 12:25).

나와 함께 다스리고자 한다면 나와 함께 십자가를 져라(눅 14:27). 오직 십자가의 종들만 복된 길, 참 빛의 길을 찾을 수 있기 때문이다.

3 제자의 말

주 예수님, 주님이 엄격하고 세상의 멸시를 받는 삶을 사신 것처럼, 제가 세상의 멸시를 받더라도 주님을 본받도록 제게 은혜를 베푸소서. 종이 주인보다 크지 못하고(마 10:24 ; 눅 6:40) 제자가 스승보다 크지 못하기 때문입니다.

주님의 종이 주님의 삶과 행위로 훈련받게 하소서. 거기에 저의 구원과 참된 거룩이 있기 때문입니다. 그것 외에는 무엇을 읽거나 들어도 즐겁지 않으며 온전한 기쁨이 없습니다.

4 사랑하는 주님의 말씀

내 아들아, 네가 이 모든 것을 알고 또 읽었으니 그대로 실천하면 네게 복이 있을 것이다. "나의 계명을 지키는 자라야 나를 사랑하는 자니 나를 사랑하는 자는 내 아버지께 사랑을 받을 것이요 나도 그를 사랑하여 그에게 나를 나타내리라"(요 14:21). 그가 내 아버지의 자리에서 나와 함께 앉을 것이다.

제자의 말

주 예수님, 주님의 말씀과 약속대로 이루어지게 하시고, 제가 은혜를 받기에 전혀 합당하지 못한 자가 되지 않게 하소서.

저는 십자가를 받았고, 주님의 손에서 받았습니다. 저는 주님이 지우신 그대로 십자가를 지며, 죽기까지 질 것입니다. 진실로, 선한 신앙인의 삶은 십자가이나 그것은 낙원으로 인도하는 길잡이입니다. 이제 시작되었고, 되돌아가는 것은 합당치 않으며, 이미 시작한 일을 그만두는 것도 적절하지 않습니다.

┌ 5 ┐ 그러므로 형제들이여, 용기를 내어 함께 전진합시다. 예수님이 우리와 함께하실 것입니다. 우리가 예수님을 위해 십자가를 졌으니 예수님을 위해 끝까지 지고 갑시다. 우리를 인도하시고 우리 앞서 행하시는 그분이 우리의 도움이 되실 것입니다.

보십시오. 우리의 왕이 우리 앞에 행군하시고 우리를 위해 싸우실 것입니다. 당당하게 그분을 따릅시다. 누구도 어떤 것도 두려워하지 마십시오. 싸움터에서 용감하게 죽을 준비를 하고, 십자가를 버리고 도망치는 불명예스러운 일은 하지 맙시다.

57 CHAPTER

잘못을 저질렀을 때라도
지나치게 낙담하면 안 된다

┌ 1 ┐ 사랑하는 주님의 말씀

내 아들아, 역경 중에 인내하고 겸손한 것이 형통 중의 위로와
헌신보다 나를 더 기쁘게 한다.

 너에 대해서 조금이라도 안 좋은 말이 들릴 때마다 너는 왜
그렇게 슬퍼하느냐? 그런 말을 훨씬 많이 듣더라도 흔들리면
안 된다. 그냥 넘겨라. 이런 일이 처음도 아니고 새삼스럽지도
않다. 네가 오래 산다면 이런 일이 마지막도 아닐 것이다.

 아무 역경도 닥치지 않은 한, 너는 아주 용감하다. 다른 사
람들에게 훌륭한 조언을 해줄 수 있고, 말로 용기를 줄 수도
있다. 그러나 네 문 앞에 작은 고난이라도 이르면 너는 조언을
못 하고 힘도 빠진다.

그리스도를 본받아 3

이럴 때면 네가 얼마나 연약한지 지켜보아라. 너는 사소한 일에서 이런 경험을 수없이 했다. 그렇더라도 네게 이런 일이 일어나는 것은 너의 유익을 위한 것이다.

[2] 이런 일을 최대한 네 마음에서 지워라. 이런 일이 너를 자극하더라도 오래 낙담하거나 당혹해하지 말라. 이런 일을 기쁘게 여길 수 없더라도, 최소한 인내하며 견뎌라.

이런 말을 듣고 싶지 않고 이런 말에 분노를 느끼더라도 자신을 억누르고, 그리스도의 어린 자녀들이 실족할 수 있는 무절제한 말을 입 밖에 내지 말라.

지금 폭풍이 거세게 일어나도 곧 가라앉을 것이고, 은혜가 돌아오면 내면의 슬픔도 누그러질 것이다. 나는 살아 있으며, 네가 나를 신뢰하고 간절히 부르면 너를 돕고(사 41:13) 네게 전보다 큰 위로를 줄 준비가 되어 있느니라.

[3] 더욱 인내하고 더 큰 고난에 단단히 대비하라. 네가 매우 자주 고통받고 가혹한 시험을 당한다고 느끼더라도 모든 것을 다 잃은 것은 아니다.

너는 사람이지 하나님이 아니며, 육신이지 천사가 아니다. 하늘의 천사도 타락했고 낙원의 첫 사람도 타락했는데(창 3장)

어떻게 네가 늘 한결같이 덕스러운 상태를 유지할 수 있겠느냐? 나는 애통해하는 자를 치료해 힘을 주고, 자신의 연약함을 아는 자를 일으켜 하나님의 영광에 이르게 한다.

[4] 제자의 말

주님, 주님의 말씀이 복되며 제 입에 꿀과 송이꿀보다 더 달콤합니다(시 119:103). 주님의 거룩한 말씀으로 저를 위로하지 않으셨다면 제가 이처럼 큰 환난과 곤경에서 무엇을 하겠습니까? 제가 마침내 구원의 항구에 이를 수 있다면 무슨 고난을 당하고 얼마나 많이 당한들 뭐가 문제이겠습니까?

제가 끝을 잘 맺게 하시고, 행복하게 이 세상을 떠나게 하소서. 나의 하나님, 저를 기억하시고 바른길로 인도하사 하나님의 나라로 이끄소서. 아멘.

네가 매우 자주 고통받고 가혹한 시험을 당한다고 느끼더라도

모든 것을 다 잃은 것은 아니다

58 CHAPTER

하나님의 은밀한 판단에 관해
편협하게 논쟁하지 말라

┌─1─┐ 사랑하는 주님의 말씀

내 아들아, 높은 사안과 숨겨진 하나님의 판단에 관하여, 왜 이 사람은 버림받고 저 사람은 큰 은혜를 입었는지, 왜 이 사람은 이토록 고통당하고 저 사람은 저토록 높임을 받는지 논쟁하지 않도록 조심하라.

이것은 사람의 이해를 넘어서고, 하나님의 판단을 알아내는 것은 이성의 능력 밖의 일이며 논쟁의 대상이 아니니라.

그러므로 원수가 이러한 것들을 넌지시 말하거나 호기심 많은 사람들이 이런 문제를 제기하면 선지자의 말로 대답하라. "여호와여 주는 의로우시고 주의 판단은 옳으니이다"(시 119:137). 다시 말하건대, 이렇게 대답하라.

"여호와의 법도 진실하여 다 의로우니"(시 19:9).

나의 판단을 두려워하고, 논쟁거리로 삼지 말라. 나의 판단은 사람의 명철로 이해할 수 없기 때문이다.

─── 2 ─── 마찬가지로 충고하건대, 성도들의 공로에 관하여 그들 중 누가 더 거룩한지, 누가 천국에서 가장 큰지 캐묻고 논쟁하지 말라. 이러한 것들은 종종 다툼과 무익한 논쟁을 일으키고 (딤후 2:14) 교만과 헛된 자랑을 부추긴다. 한 사람은 자랑스럽게 이 성자가 더 좋다고 하고 다른 사람은 자랑스럽게 저 성자가 더 좋다고 하는 데서 시기와 분쟁이 일어난다.

이런 것을 알려 하고 파헤치려 하는 바람은 쓸데없고 성도들을 기쁘게 하지도 못한다. 나는 분쟁의 하나님이 아니라 평화의 하나님이며, 평화는 자신을 높이는 데 있지 않고 진정한 겸손에 있기 때문이다.

─── 3 ─── 어떤 사람들은 이 성자들 또는 저 성자들을 좋아해서 그들에게 더 끌린다. 그러나 이것은 하나님의 사랑이 아니라 인간의 사랑이다.

내가 모든 성도를 지었다. 내가 그들에게 은혜를 주었고 그들 때문에 영광을 받았다. 나는 각 사람에게 무엇이 합당한지 알며, 나의 선한 복으로 그들을 보호했다.

나는 내 사랑하는 자들을 세상이 시작되기 전에 미리 알았다. 내가 이들을 세상에서 택하여 냈다. 그들이 먼저 나를 택한 것이 아니다(요 15:16). 내가 은혜로 이들을 불렀고, 자비로 이끌었으며, 갖가지 시험을 통과하도록 안전하게 인도했다. 내가 이들에게 놀라운 위로를 쏟아부었고, 이들에게 참을성을 주었으며, 인내의 면류관을 씌워주었다.

┌ 4 ┐ 나는 첫째와 꼴찌를 다 알고, 모두를 무한한 사랑으로 품는다. 나는 나의 모든 성도에게 찬양받고 만물 위에 송축 받아야 하며, 아무 공로 없는데도 내가 예정했고 영광스럽게 높여준 모두에게 높임 받아야 한다.

그러므로 나의 성도 중에 가장 작은 자 하나를 멸시하는 자는 가장 큰 자를 높이지 않는 것이다(약 2:1-5). 내가 작은 자도 짓고 큰 자도 지었기 때문이다(지혜서 6:7).

나의 성도 중에 하나라도 헐뜯는 자는 나를 헐뜯고 천국의 나머지 모든 성도를 헐뜯는 것이다. 이들은 모두 사랑의 띠로 하나 되었고, 같은 것을 생각하고, 같은 것을 원하며, 서로 사랑한다.

┌─5─┐ 더 나아가 이보다 훨씬 높은 것이 있다. 이들은 자신이나 자신의 그 어떤 공로보다 나를 더 사랑한다. 이들은 자기 사랑을 초월해 나를 온전히 사랑하며, 내 안에서 안식하고 온전한 열매를 맺는다. 그 무엇도 이들을 되돌리지 못하고 억누르지 못한다. 이들은 영원한 진리로 충만해 꺼지지 않는 사랑의 불길로 타오르기 때문이다.

그러므로 사사로운 즐거움만 좋아하며 육적이고 본능적인 자들은 아예 성도들의 상태에 대해 논쟁을 삼가게 하라. 이들은 영원하신 진리를 기쁘게 하기보다는 자신의 공상에 따라 더하거나 뺀다.

┌─6─┐ 많은 사람이, 특히 거의 깨우침을 얻지 못하는 자들이 무지하다. 이들은 좀처럼 누군가를 온전한 영적 사랑으로 사랑할 수 없다. 이들은 여전히 본능적 애정과 인간적 우애를 따라 이 사람이나 저 사람에게 끌리며, 자신이 세속적 애정으로 했던 경험을 따라 하늘의 것을 상상한다.

그러나 불완전한 자들이 머릿속으로 상상하는 것은 깨우침을 얻은 자들이 위에서 내려오는 계시를 통해 볼 수 있는 것과 전혀 다르다.

[7] 그러므로 내 아들아, 네 지식을 넘어서는 일들에 헛된 호기심으로 손대지 않도록 조심하라(집회서 3:21). 그보다는 네가 하나님나라에서 가장 낮은 자리라도 얻을 수 있도록 노력하라.

설령 누가 누구보다 거룩하고 누가 천국에서 가장 큰 자로 여겨질 것인지 안다고 한들, 아는 만큼 내 앞에서 더욱 겸손하고 내 이름을 찬양하지 않는다면 그 지식이 너에게 무슨 유익이 있겠느냐?

하나님은 누가 크고 누가 작은지 논쟁하는 자보다, 자기 죄가 얼마나 크고 덕은 얼마나 작으며 자신이 성자들의 완전함에 얼마나 못 미치는지 생각하는 자를 훨씬 기뻐하신다.

[8] 사람들이 자족하고 이런 헛된 담론을 삼가면 성자들이 무척 만족해할 것이다. 그들은 어떤 선이라도 자신에게 돌리지 않기 때문에 자기 공로를 자랑하지 않고, 자신에게 무한한 사랑으로 모든 것을 준 나에게 모든 것을 돌린다.

그들은 하나님을 향한 더없이 큰 사랑과 차고 넘치는 기쁨으로 충만하므로 그 어떤 영광이나 행복도 부족하지 않고, 부족할 수도 없다. 모든 성도는 영광을 받을수록 더 겸손해지며 내게 더 가까워지고 더 사랑스러워진다.

그래서 하나님은 이렇게 기록하셨다. "이십사 장로들이 보좌에 앉으신 이 앞에 엎드려 세세토록 살아계시는 이에게 경배하고 자기의 관을 보좌 앞에 드리며"(계 4:10).

[9] 많은 사람이 하나님나라에서 누가 가장 크냐고 묻지만 정작 자신이 가장 작은 자 중에라도 들어갈지는 알지 못한다. 모두가 큰 천국에서 가장 작은 자라도 되는 것은 대단한 일이다.

모두가 하나님의 아들이라 불리고, 하나님의 아들이 될 것이기 때문이다. "그 작은 자가 천 명을 이루겠고"(사 60:22) "백세가 못 되어 죽는 자는 저주받은 자이리라"(사 65:20).

제자들이 누가 천국에서 가장 크냐고 물었을 때 이런 대답을 들었기 때문이다. "너희가 돌이켜 어린아이들과 같이 되지 아니하면 결단코 천국에 들어가지 못하리라 그러므로 누구든지 이 어린아이와 같이 자기를 낮추는 사람이 천국에서 큰 자니라"(마 18:3,4).

[10] 기꺼이 자신을 낮추어 어린아이처럼 되기를 싫어하는 자들에게 화가 있으리라. 천국 문은 낮아서 그들이 들어가지 못하기 때문이다(마 7:14).

나는 첫째와 꼴찌를 다 알고, 모두를 무한한 사랑으로 품는다

땅에서 위로받는 부자들에게도 화가 있으리라. 가난한 자들이 하나님나라에 들어갈 때 이들은 밖에 서서 한탄할 것이기 때문이다.

너희 겸손한 자들아, 기뻐하라(마 5:3). 너희 가난한 자들아, 기쁨으로 충만하라. 너희가 진리를 따라 행하면 하나님나라가 너희의 것이기 때문이다.

59 CHAPTER

모든 소망과 신뢰를
오직 하나님께 두어야 한다

---

[1] 제자의 말

주님, 제가 이생에서 무엇을 신뢰해야 합니까? 하늘 아래 모든 것이 제게 주는 가장 큰 위로는 무엇입니까? 주 나의 하나님, 자비가 무궁하신 주님이 아닙니까? 주님 없이 제가 잘된 적이 있습니까? 주님이 함께하실 때 제가 잘못된 적이 있습니까? 주님 없이 부유하기보다 차라리 주님 때문에 가난하겠습니다. 주님 없이 천국을 소유하기보다 차라리 땅에서 주님과 함께 순례자가 되겠습니다. 주님이 계신 곳이 천국이고 주님이 계시지 않은 곳이 죽음과 지옥이기 때문입니다.

주님이 제 모든 갈망이시오니 저는 주님께 탄식하고 부르짖으며 간절히 기도해야 합니다. 저는 온전히 신뢰할 자도, 곤궁

할 때 때맞춰 도와줄 자도 없습니다. 오직 주님, 나의 하나님뿐이십니다. 주님은 제가 신뢰할 분이요 의지할 분이며, 저의 위로자요 모든 일에서 제게 더없이 신실하신 분이십니다.

┌ 2 ┐ 모든 사람은 자기의 이익을 구합니다(빌 2:21). 그러나 주님은 저의 구원과 유익을 앞세우고 모든 것을 제게 선하게 바꿔주십니다. 주님은 저를 온갖 시험과 역경에 처하게도 하시지만, 이 모두를 제게 유익하게 하십니다. 주님은 주님이 사랑하는 자들을 숱한 방법으로 시험하시기 때문입니다.

저를 시험하실 때에도 주님은 저를 하늘의 위로로 채우실 때와 다름없이 마땅히 사랑하고 찬양해야 할 분이십니다.

┌ 3 ┐ 그러므로 주 하나님, 주님은 제 모든 소망이요 피난처이십니다. 저의 고난과 고통을 주님께 맡깁니다. 주님 외에는 제 눈에 보이는 모든 것이 약하고 쉽게 변하기 때문입니다.

주님이 친히 저희를 돕고 힘을 주시며 저희를 위로하고 가르치고 보호하지 않으시면, 많은 친구가 이롭지 못하고, 힘 있는 조력자들도 도움이 못 되며, 현명한 조언자들이 유익한 답을 주지 못하고, 학식 있는 자들의 책이 위로를 주지 못하며, 그 어떤 보화도 저희를 구원하지 못하고, 아무리 한적하고 사랑스러운 곳이라도 피난처가 되지 못하기 때문입니다.

[4] 주님이 계시지 않으면, 평안과 더없는 행복을 가져다줄 듯한 모든 것이 아무것도 아니며 사실 아무 행복도 주지 못합니다. 그러므로 주님은 모든 선한 것의 종국(終局)이요 모든 생명의 최고봉이며, 말할 수 있는 모든 것의 심연(深淵)이십니다. 그 무엇보다 주께 소망을 두는 것이 주님의 종들에게 가장 큰 위로입니다. 그러므로 제가 주님을 향하여 눈을 듭니다. 나의 하나님, 자비의 아버지, 제가 주님을 신뢰합니다.

하늘의 복으로 제 영혼을 축복하고 거룩하게 하사 제 영혼이 주님의 거룩한 처소, 주님의 영원한 영광이 거하는 자리가 되게 하소서. 그리고 주님의 존엄이 거하는 이 성전에, 왕이신 주님의 눈에 거슬리는 것이 없게 하소서.

주님의 큰 선하심과 많은 자비를 따라 저를 굽어보시고, 주님을 멀리 떠나 사망의 음침한 골짜기를 헤매는 불쌍한 종의 기도를 들으소서.

지극히 비천한 종인 저의 영혼을 이 부패한 삶의 수많은 위험 가운데서 보호하고 지키시며, 주님의 은혜가 저와 동행하여 평안의 길로 인도하사 영원히 빛나는 본향에 이르게 하소서. 아멘.

@도성운

그 무엇보다 주님께 소망을 두는 것이
주님의 종들에게 가장 큰 위로입니다

Q1 제3권에서 주님은 본성과 은혜의 차이점들을 일러주시며 본성이 억제되고 정복될수록 더 큰 은혜가 임한다고 말씀하신다. 본성과 은혜에 관해 언급된 장들을 주의 깊게 읽고 자신이 어느 쪽으로 움직이는지 정직하게 살펴보라.

Q2 이 책에서 당신에게 깊이 와 닿은 구절들을 옮겨 적어보라.
그 권면은 당신의 삶에서 구체적으로 어떻게 적용될 수 있겠
는가?

그리스도를 본받아 3
주님만이 주시는 내적 위로

초판 1쇄 발행	2019년 6월 18일
지은이	토마스 아 켐피스
옮긴이	전의우

펴낸이	여진구
책임편집	최현수
편집	이영주 김윤향 안수경 김아진 권현아
책임디자인	마영애 조아라 | 노지현 조은혜

기획·홍보	김영하	해외저작권	기은혜
마케팅	김상순 강성민 허병용	마케팅지원	최영배 정나영
제작	조영석 정도봉	경영지원	김혜경 김경희

이슬비전도학교	최정식	303비전성경암송학교	박정숙
303비전장학회 & 303비전꿈나무장학회	어윤학		

펴낸곳	규장

주소 06770 서울시 서초구 매헌로 16길 20(양재2동) 규장선교센터
전화 02)578-0003   팩스 02)578-7332
이메일 kyujang0691@gmail.com   홈페이지 www.kyujang.com
페이스북 facebook.com/kyujangbook   인스타그램 instagram.com/kyujang_com
카카오스토리 story.kakao.com/kyujangbook
등록일 1978.8.14. 제1-22

ⓒ한국어 판권은 규장에 있습니다.
이 출판물은 저작권법에 의해 보호를 받는 저작물이므로 무단 전재와 무단 복제를 할 수 없습니다.

책값 뒤표지에 있습니다.
ISBN 978-89-6097-581-1 04230
        978-89-6097-578-1(세트)

규 | 장 | 수 | 칙

1. 기도로 기획하고 기도로 제작한다.
2. 오직 그리스도의 성품을 사모하는 독자가 원하고 필요로 하는 책만을 출판한다.
3. 한 활자 한 문장에 온 정성을 쏟는다.
4. 성실과 정확을 생명으로 삼고 일한다.
5. 긍정적이며 적극적인 신앙과 신행일치에의 안내자의 사명을 다한다.
6. 충고와 조언을 항상 감사로 경청한다.
7. 지상목표는 문서선교에 있다.

하나님을 사랑하는 자 곧 그의 뜻대로 부르심을 입은 자들에게는 모든 것이 合力하여 善을 이루느니라(롬 8:28)

규장은 문서를 통해 복음전파와 신앙교육에 주력하는 국제적 출판사들의
협의체인 복음주의출판협회(E.C.P.A:Evangelical Christian Publishers
Association)의 출판정신에 동참하는 회원(Associate Member)입니다.